LES HISTOIRES DE LA BIBLE

SOMMAIRE

ISBN : 2-07-052950-9

Dépôt légal : novembre 1999
Numéro d'édition : 92380
Loi n° 49-956 du 16 juillet 1949
sur les publications destinées à la jeunesse
Imprimé en Italie par la Editoriale Lloyd
Responsable éditoriale : Anne de Bouchony
Conception graphique : Élisabeth Cohat
Maquette : François Lemaire
Édition : Nathalie Corradini

LES HISTOIRES DE LA BIBLE

Racontées par
Jacqueline Vallon

Illustrées par
Maurice Pommier

Adam et Ève, Caïn et Abel, Noé, Abraham,
Joseph, Moïse, David et Goliath, Salomon, Jonas

GALLIMARD JEUNESSE

L'HISTOIRE DE LA CRÉATION

Au commencement, lorsque Dieu créa le ciel et la terre, régnait le chaos ; tout n'était que vide et désert.
Sur l'Abîme s'étendaient les ténèbres et, tel un grand vent, l'esprit de Dieu planait sur les eaux.
Dieu dit : «Que la lumière soit !»
Et la lumière fut.
Dieu voit que la lumière est bonne et Il la sépare des ténèbres.
Il nomme la lumière «Jour» et les ténèbres «Nuit».
Il y eut un soir, il y eut un matin : ce fut le premier jour.
Dieu dit : «Qu'une voûte apparaisse au milieu des eaux et les sépare !»
Dieu fait la voûte pour séparer les eaux qui sont au-dessus de celles qui sont au-dessous.
Il nomme cette voûte «Ciel».
Il y eut un soir, il y eut un matin : ce fut le deuxième jour.
Dieu dit :
«Que les eaux qui s'étendent sous le ciel se réunissent en un seul lieu et qu'apparaisse une zone sèche !»
Il en fut ainsi. Dieu nomme la zone sèche «Terre» et la masse des eaux «Mers».
Dieu voit que cela est bon.
Il dit : «Que la terre se couvre de verdure, d'herbes riches en semence et d'arbres fruitiers portant leur semence en leurs fruits, selon leur espèce.»
Et Dieu voit que cela est bon.
Il y eut un soir, il y eut un matin : ce fut le troisième jour.

Dieu dit : «Qu'il y ait des luminaires sur la voûte du ciel pour séparer le jour de la nuit. Qu'ils soient des signes pour distinguer les fêtes, les jours, les années. Et que de ces luminaires de la voûte céleste vienne la lumière pour éclairer la terre !»
Et il en fut ainsi. Dieu fait les deux grands luminaires : le plus grand pour régner sur le jour, le plus petit pour régner sur la nuit, ainsi que les étoiles. Il les fixe sur la voûte céleste afin qu'ils illuminent la terre, qu'ils président au jour et à la nuit, et qu'ils séparent la lumière des ténèbres.
Et Dieu voit que cela est bon.
Il y eut un soir, il y eut un matin : ce fut le quatrième jour.

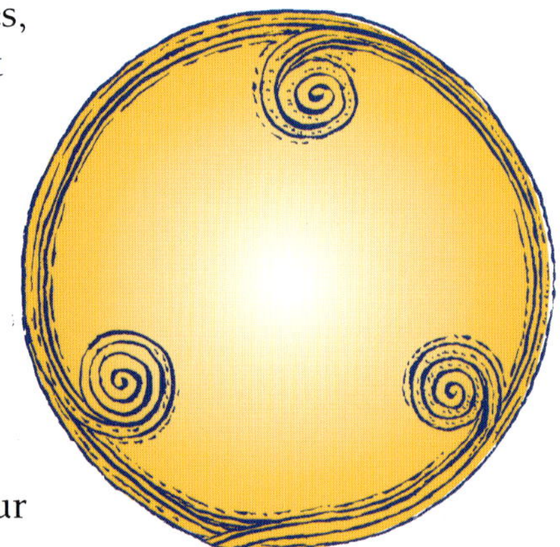

«Que la lumière soit !»

Dieu dit: «Que les eaux fourmillent d'êtres vivants et que des oiseaux volent au-dessus de la terre sous la voûte du ciel!»
Dieu crée les monstres marins et tous les animaux qui s'agitent et foisonnent dans les eaux, chacun selon son espèce, et tous les oiseaux, selon leur espèce.
Et Dieu voit que cela est bon. Il les bénit en disant:
«Croissez et multipliez-vous! Emplissez les mers! Et que les oiseaux prolifèrent sur la terre!»
Il y eut un soir, il y eut un matin: ce fut le cinquième jour.

Dieu dit: «Que la terre engendre des êtres vivants: bétail, insectes et reptiles, et toutes bêtes sauvages selon leur espèce!»
Et il en fut ainsi. Dieu crée les bêtes sauvages, le bétail et tous les animaux vivant sur la terre, chacun selon son espèce. Et Dieu voit que cela est bon.
Dieu dit: «Faisons l'homme à notre image, à notre ressemblance et que les poissons de la mer et les oiseaux du ciel, le bétail et tous les animaux qui se meuvent sur terre lui obéissent!»
Il crée l'homme à son image.
À l'image de Dieu Il les crée, mâle et femelle.

«Croissez et multipliez-vous! Emplissez les mers!»

Il les bénit en disant:
«Croissez et multipliez-vous! Emplissez la terre et dominez-la! Que les poissons de la mer, les oiseaux du ciel et tous les animaux qui se meuvent sur la terre vous obéissent!»

Dieu dit: «Je vous donne pour nourriture l'herbe riche de semence, les arbres qui portent fruits sur toute la surface de la terre. À toutes les bêtes qui peuplent la terre, à tout ce qui vole ou rampe et qui a souffle de vie, Je donne pour nourriture la verdure des végétaux.» Et il en fut ainsi.
Dieu voit que tout ce qu'Il a fait est bon. Il y eut un soir, il y eut un matin: ce fut le sixième jour. Ainsi furent créés le ciel, la terre et tout ce qu'ils contiennent.
Dieu achève son œuvre le septième jour et, ce jour-là, se repose de tout ce qu'Il a fait.
Il bénit le septième jour et le sanctifia car ce jour-là, Il se reposa de son œuvre de création.
Lorsqu'Il créa l'homme, Dieu le modela dans la poussière du sol. Aussi est-il appelé Adam (car le sol se dit *adâmâ* en hébreu). Dieu lui insuffla le souffle de vie dans les narines et l'homme devint un être vivant. Dieu l'établit dans un jardin, en Éden, quelque part vers l'Orient. Il y fit pousser toutes sortes d'arbres magnifiques aux fruits délicieux, et plaça, au milieu, l'Arbre de Vie, ainsi que l'Arbre de la Connaissance du Bien et du Mal.
Un fleuve arrosait le jardin et, de là, se divisait en quatre bras: le Pishôn, le Guihôn, le Tigre et l'Euphrate.
Dieu place l'homme dans le jardin d'Éden pour qu'il le cultive et en prenne soin.

Puis Il lui donne ces instructions: «Tu peux manger de tous les arbres du jardin, mais tu ne mangeras pas de l'Arbre de la Connaissance du Bien et du Mal, car de ce moment-là tu mourrais.»
Dieu se dit: «Il n'est pas bon que l'homme soit seul. Je vais lui donner un compagnon qui lui ressemble.»

Dieu achève son **œuvre** le **septième jour.**

Parmi toutes les bêtes des champs que Dieu avait créées, le **serpent** était le plus **rusé**.

Il prend de nouveau de la poussière du sol et modèle les animaux des champs et les oiseaux du ciel.
Il les amène à l'homme pour que celui-ci leur donne un nom. L'homme appelle donc de leur nom toutes les bêtes sauvages et domestiques ainsi que les oiseaux du ciel. Mais il ne trouve pas parmi eux un être qui lui ressemble.
Alors Dieu enveloppe l'homme d'un profond sommeil. Il lui enlève une de ses côtes et referme les chairs. De cette côte tirée de l'homme, Il façonne une femme qu'Il amène à l'homme. Celui-ci s'écrie: «Cette fois, c'est bien l'os de mes os et la chair de ma chair!
Elle s'appellera "femme" (ce qui se dit *ishâ*, en hébreu) car c'est à partir de l'homme (*îsh*) qu'elle fut créée.»

Tous deux sont nus et ils n'en éprouvent aucune honte.
Parmi toutes les bêtes des champs que Dieu a créées, le serpent est le plus rusé. Il s'adresse à la femme: «Ainsi Dieu vous a dit: "Vous ne mangerez pas de tous les arbres du jardin"?
– Nous pouvons manger les fruits des arbres du jardin, répond la femme, mais de l'arbre qui est au milieu du jardin, Dieu a dit: "Vous n'en mangerez pas, vous n'y toucherez pas, sinon vous mourrez."
– Mais non, vous ne mourrez pas! Mais du jour où vous en mangerez, vos yeux s'ouvriront et vous serez pareils à Dieu: vous posséderez la science du Bien et du Mal.»

La femme trouve que cet arbre si beau qui procure la Connaissance doit avoir des fruits délicieux. Elle en cueille un et elle le mange. Puis elle en donne à son compagnon et lui aussi en mange.
Leurs yeux alors se dessillent et ils se voient nus. Ils prennent des feuilles de figuier, les assemblent et s'en font un pagne.

«N'aurais-tu pas mangé de l'arbre dont je t'avais interdit de manger ?»

Ils entendent alors le pas de Dieu qui se promène dans le jardin à la brise du soir, et ils se cachent parmi les arbres. Dieu appelle l'homme :

«Où es-tu ?

– J'ai entendu ton pas dans le jardin, répond l'homme ; j'ai eu peur car je suis nu, et je me suis caché.

– Qui t'a appris que tu étais nu ? lui demande Dieu. N'aurais-tu pas mangé de l'arbre dont je t'avais interdit de manger ?

L'homme explique :

– La femme que tu as créée pour être à mes côtés, c'est elle qui m'a donné du fruit de l'arbre et j'en ai mangé.»

Dieu dit à la femme :

«Qu'est-ce que tu as fait ?

– Le serpent m'a entraînée dans l'erreur, avoue-t-elle, et j'ai mangé.»

Dieu dit au serpent :

«Puisque tu as fait cela, tu seras maudit parmi tous les animaux qui vivent sur terre. Tu te traîneras sur le ventre et tu mangeras de la poussière tous les jours de ta vie. Je mettrai l'hostilité entre toi et la femme, entre tes descendants et les siens. Ils t'écraseront la tête, et toi, tu les viseras au talon.»

Puis Dieu dit à la femme :

«Je vais multiplier la souffrance de tes grossesses. C'est dans la douleur que tu mettras au monde tes enfants.»

A l'homme, Il dit :
«À cause de toi, qui as écouté la voix de ta femme et mangé de l'arbre dont j'avais ordonné de ne pas manger, maudit soit le sol. C'est avec peine que tu en tireras ta nourriture tous les jours de ta vie. Il produira ronces et chardons et tu te nourriras de ce qui pousse dans les champs. C'est à la sueur de ton visage que tu mangeras ton pain jusqu'à ce que tu retournes au sol dont tu as été tiré. Car tu es poussière et à la poussière tu retourneras.»
L'homme appela sa compagne «Ève», ce qui signifie en hébreu «la Vivante», parce qu'elle est la mère de tous les vivants. Dieu leur fit des tuniques de peau et les en revêtit.
«Voici que l'homme est devenu pareil à nous, dit Dieu, maintenant qu'il possède la science du Bien et du Mal. Il ne faut pas qu'il tende la main vers l'Arbre de Vie et mange de ses fruits qui le rendraient immortel.»

Et Dieu chassa Adam du jardin d'Éden et l'envoya cultiver le sol d'où Il l'avait tiré. À l'entrée du jardin, vers l'Orient, Il posta les chérubins à l'épée flamboyante comme la foudre, afin qu'ils gardent le chemin de l'Arbre de Vie.

L'HISTOIRE DE CAÏN ET ABEL

Abel est pasteur, Caïn, lui, cultive la terre.

Adam et Ève, chassés du Paradis, se retrouvent exilés sur une terre que Dieu a maudite et qu'ils doivent travailler avec peine pour en tirer leur nourriture.
Un fils leur naît bientôt : Caïn.
Ève exulte :
« Avec Dieu, j'ai donné la vie à un homme ! »
Puis un deuxième fils vient au monde, qu'ils nomment Abel.
Abel est pasteur, il fait paître du petit bétail : des moutons et des chèvres.
Caïn, lui, cultive la terre.

Un jour vient où Caïn, fier et heureux de sa récolte, en prélève les premiers fruits pour les offrir à Dieu, en signe d'hommage et de reconnaissance.
Abel, de son côté, présente en offrande les premiers-nés de son troupeau, parmi les plus gras.

Dieu tourne son regard vers l'offrande d'Abel, mais Il se détourne de celle de Caïn.
Caïn est furieux et sur son visage se lisent la tristesse et le découragement.
Dieu lui dit:
«Pourquoi es-tu furieux?
Et pourquoi ton visage est-il si triste et découragé?
Tu ferais bien de surmonter ta colère; sinon le mal qui est tapi à ta porte te guettera comme une proie.
Il te faut le dominer!»
Caïn ne répond rien. Il dit un mot à son frère et part avec lui aux champs. Là, il se jette sur lui et le tue.
Dieu interpelle Caïn:
«Où est ton frère Abel?
– Je n'en sais rien, répond-il. Est-ce que je suis son gardien?
Mais Dieu insiste:
– Qu'as-tu fait? Écoute le sang de ton frère! Son cri s'élève de la terre et monte jusqu'à moi. Tu es désormais maudit et chassé du sol qui a recueilli de ta main le sang de ton frère.
Lorsque tu le cultiveras, il n'aura plus aucune fertilité et rien n'y germera.
Tu erreras par le monde, tel un fugitif et un vagabond.»

Caïn est furieux et sur son visage se lisent la tristesse et le découragement.

Caïn se tourne vers Dieu avec angoisse: «Ma faute est trop lourde à porter. Tu me chasses de cette terre fertile et je devrai me cacher devant Ta face. Je vais fuir et errer par le monde, mais le premier que je rencontrerai me tuera! Dieu lui dit alors:
– Si quelqu'un te tue, tu seras vengé sept fois.»
Et Il met un signe sur Caïn, afin qu'aucune créature, homme ou bête, ne l'attaque.
Caïn s'éloigna donc de la présence de Dieu. Il se rendit au pays de Nod, situé à l'est du jardin d'Éden. Il construisit une ville, à laquelle il donna le nom de son fils, Hénok, qui naquit à ce moment-là. Hénok eut à son tour un fils, Irad, un petit-fils, Mahouyaël, et un arrière-petit-fils, Metoushaël, qui engendra Lamek.
À cette époque, la violence avait atteint des sommets et la loi de la vengeance n'avait plus de limites.

Et Il met un signe sur Caïn, afin qu'aucune créature, homme ou bête, ne l'attaque.

Lamek faisait régner la terreur: «J'ai tué un homme qui avait levé la main sur moi, et un gamin qui m'avait égratigné. Il est dit que Caïn sera vengé sept fois, mais Lamek le sera soixante-dix-sept fois.»
Il eut plusieurs fils. L'un d'eux, Yabal, devint l'ancêtre des pasteurs nomades, qui vivent sous les tentes et élèvent leurs troupeaux.
Un autre, Youbal, sera le père des musiciens, de ceux qui jouent de la cithare et du chalumeau.
D'un troisième, Toubal-Caïn, descendent les forgerons, qui travaillent le bronze et le fer.

Quant à Adam et Ève, ils eurent encore un fils, nommé Seth. «Dieu m'a accordé une autre descendance, se réjouit Ève, pour remplacer Abel, puisque Caïn l'a tué.» Seth eut un fils, Énosh. C'est à cette époque qu'on commença d'invoquer le Nom de Dieu.
Parmi les autres descendants de Seth figurent Hénok, un juste que Dieu enlèvera de la terre sans qu'il connaisse la mort, et Mathusalem, dont le petit-fils sera Noé.

Quant à Adam et Ève, ils eurent un autre fils, Seth, l'ancêtre de Noé.

L'HISTOIRE DE NOÉ

La violence et le désordre règnent sur terre. Dieu s'attriste : qu'est devenue sa Création, le monde qu'Il voulait beau et harmonieux ? Et ces êtres qu'Il avait créés à sa ressemblance et à qui Il avait tout donné : les plantes, pour leur nourriture, et les animaux, qu'Il avait mis à leur service pour que tous vivent heureux et en paix ?
Tout avait commencé avec Caïn. Et depuis, alors que les hommes devenaient plus nombreux, cela n'avait fait qu'empirer.
Les hommes vivaient alors très vieux : six cents, sept cents ans était chose courante. Adam vécut neuf cent trente ans. Certains atteignaient même près de mille ans, comme Mathusalem, l'aïeul de Noé, qui mourut à neuf cent soixante-neuf ans ! Voyant que les hommes se plaisent à faire le mal, Dieu décide d'abréger leur existence, qui ne dépassera plus désormais cent vingt ans. Mais même plus courte, la vie des hommes n'est que méchanceté. Dans leur cœur endurci, ils ne trament que de noirs desseins à longueur de journée. Jaloux, envieux, ils ne pensent qu'à nuire, à tuer, à se venger. Un crime en déchaîne des milliers d'autres et le mal s'amplifie chaque jour… Il se répercute jusqu'aux animaux et perturbe l'équilibre de la nature. C'est l'ensemble de la création qui est corrompu.

Jaloux, envieux, ils ne pensent qu'à nuire, à tuer, à se venger.

Voyant la méchanceté des hommes, Dieu se dit : « Je vais effacer toute trace de vie de la surface de la terre : les hommes, les animaux, des plus gros aux plus petits, et même les oiseaux du ciel, car Je me repens de les avoir créés. »

Mais il y a Noé.
Noé est juste, bon, honnête.
Et Noé plaît à Dieu.

Mais il y a Noé. Noé est juste, bon, honnête. Dieu est son repère, son guide, à tel point qu'il semble marcher avec Lui. Dans tous ses actes, dans toutes ses pensées, il a le souci de Lui plaire. Et Noé plaît à Dieu.

Dieu n'a aucune raison de le faire disparaître avec les autres hommes ! Aussi lui fait-il part de son projet : «La violence règne sur terre à cause des hommes, lui dit-Il. J'ai décidé de les faire disparaître. Je vais envoyer les eaux sur la terre et tout ce qui vit périra. Mais toi, Je t'épargnerai, ainsi que ta famille. Construis un bateau en forme de coffre. Fais-le en bois de cyprès, que tu enduiras de goudron, à l'intérieur et à l'extérieur, pour le rendre étanche. Prévois grand : cent cinquante mètres de long, vingt-cinq de large et quinze de haut ; fais trois étages que tu diviseras en compartiments. Tu surmonteras le tout d'un toit et tu ménageras une ouverture sur le côté.» Noé se met aussitôt au travail, aidé de ses trois fils, Sem, Cham et Japhet.

Dieu lui dit encore : «Tu feras entrer dans cette arche un couple de chaque espèce d'animaux, afin de perpétuer leur race sur terre. Amasse des provisions pour tout le monde… Ne perds pas de temps, car dans sept jours J'enverrai le déluge, qui engloutira tous les êtres que J'ai créés.» Noé obéit : tout ce que Dieu lui a commandé, il le fait.

L'arche touche la première montagne qui émerge, le mont Ararat.

Noé a alors six cents ans.
Avec sa femme, ses fils, les femmes de ses fils, il monte dans l'arche. Et avec eux un mâle et une femelle de chaque espèce animale, des mammifères aux plus minuscules bestioles, de ceux qui rampent sur terre aux oiseaux du ciel… Domestiques ou sauvages, tous montent dans l'arche et trouvent place !
Et Dieu ferme la porte derrière Noé.
Les écluses du ciel s'ouvrent, les sources du grand abîme jaillissent et les eaux du déluge déferlent sur la terre.
Les eaux grossissent et soulèvent l'arche, qui vogue sur les flots, à la dérive.
Pendant quarante jours et quarante nuits, la pluie tombe. Les plus hautes montagnes sont submergées. Durant cent cinquante jours, le niveau des eaux monte, effaçant toute vie à la surface de la terre.

Mais Dieu n'a pas oublié Noé, ni tous les animaux qui sont avec lui dans l'arche. Il fait se lever un grand vent sur la terre pour que les eaux se retirent, et Il ferme les écluses du ciel et les sources des abîmes.
Doucement, lentement, les eaux commencent à baisser.
L'arche touche la première montagne qui émerge, le mont Ararat, et s'arrête sur son sommet. Les eaux continuent de se retirer et d'autres montagnes apparaissent bientôt.

Au bout de quarante jours, Noé ouvre la fenêtre de l'arche. Avant de descendre, il faut s'assurer que la terre ait suffisamment séché. Pour cela, il lâche le corbeau, qui volette ici et là, ne sachant où se poser. Noé libère alors la colombe, qui ne trouve pas non plus un endroit sec et ferme : elle revient sans tarder vers l'arche, où Noé la fait rentrer.

Au bout de sept jours, il envoie à nouveau la colombe, qui part à tire-d'aile et ne revient que le soir avec, dans le bec, un rameau frais d'olivier. Noé comprend que les eaux se sont retirées de la surface de la terre et que la végétation reprend. Il attend encore sept jours et lâche une troisième fois la colombe qui, cette fois, ne revient plus.
Dieu dit alors à Noé :
« Sors de l'arche, toi et ta famille. Fais sortir aussi tous les animaux. Qu'ils soient féconds et se multiplient. »
Les occupants de l'arche ne se font pas prier pour mettre pied à terre et s'égailler dans la nature. Noé veut que cette nouvelle vie qui commence sur terre soit en harmonie avec son Créateur. Il prend une grande pierre et dresse un autel pour offrir à Dieu un sacrifice, comme c'est alors la coutume de Lui rendre hommage. Il sacrifie quelques animaux et les fait brûler complètement. La fumée s'élève vers Dieu et Lui est agréable, car elle est le signe de la prière et de l'amour que les hommes font monter vers Lui.

Dieu se dit : « Je ne maudirai plus la terre à cause des hommes. Leur cœur incline au mal dès leur enfance, et il leur est difficile d'être bons. Plus jamais je ne punirai tous les êtres vivants. »
Il bénit Noé et ses fils et leur dit : « Ayez de nombreux enfants, remplissez la terre. Je vous donne tout ce qui vit, au même titre que les plantes : vous pouvez en disposer pour votre nourriture. »
Dieu leur dit aussi :
« Ne répandez pas le sang de l'homme. Car à l'image de Dieu l'homme a été fait. »
Puis Il les rassure :
« Je fais aujourd'hui un pacte avec vous, vos descendants et tous les êtres vivants, oiseaux, bêtes sauvages, tous les animaux de la terre : Je n'enverrai plus de déluge pour détruire ce qui vit et ravager la terre.

La vie reprit. Une nouvelle humanité commença.

Je mets mon arc dans les nuées. Cet instrument de guerre sera désormais un signe de paix entre Moi et la terre. Lorsque les nuées s'accumuleront et qu'il apparaîtra dans le ciel après l'ondée, Je me souviendrai de mon pacte avec vous et tous les êtres vivants qui peuplent la terre. Il sera le signe de mon alliance éternelle avec tout ce qui vit sur la terre. »
La vie reprit. Une nouvelle humanité commença, avec laquelle Dieu renouvela, d'âge en âge, le pacte qu'Il avait fait avec Noé.

Quant à Noé, il vécut encore trois cent cinquante ans. Il cultiva la vigne et c'est à lui, dit-on, que l'on doit l'invention du vin.

L'HISTOIRE DE LA TOUR DE BABEL

Si bien qu'un jour, Noé s'enivra.

Quand les eaux du déluge refluèrent et que Noé et sa famille sortirent de l'arche, ils trouvèrent une terre déserte. Ils se mirent tous au travail. Noé cultiva le sol et devint le premier agriculteur. Il planta une vigne et découvrit les secrets de la fabrication du vin. Si bien qu'un jour, il s'enivra. L'un de ses fils, Cham, le découvrit nu dans sa tente et s'empressa d'aller raconter cette aventure à ses frères, Sem et Japhet. Ceux-ci prirent la tunique de Noé, la posèrent sur leurs épaules et, marchant à reculons pour ne pas voir la nudité de leur père, ils le couvrirent.
Une fois les effets de l'alcool dissipés, Noé apprit ce que Cham avait fait.
Il s'écria, furieux:
«Que soit maudit son fils aîné, Canaan! Qu'il devienne l'esclave de Sem et de Japhet!»

«Que soit **maudit** son fils aîné, Canaan ! Qu'il devienne **l'esclave** de Sem et de Japhet ! »

Cependant, peu à peu, la terre se repeuplait, grâce aux enfants et aux petits-enfants de Noé, qui se répartirent en trois grands groupes.
Les descendants de Japhet habitèrent les contrées situées au nord de la Méditerranée ainsi que les îles. Ceux de Cham se disséminèrent vers l'est et le sud de la Méditerranée. Parmi eux se distingua Nemrod, un héros si habile à la chasse qu'un dicton l'immortalisa : «Tel Nemrod, grand chasseur devant l'éternel». Il régna sur Babel, puis fonda Ninive et d'autres grandes villes.
Dans la lignée de Cham figurent aussi les Cananéens, descendants de son fils aîné, Canaan, ainsi que les Philistins, peuples que les Hébreux auront à combattre quand ils s'installeront en Terre promise.
Sem, le fils aîné de Noé, donna naissance aux Sémites, qui occupèrent les régions à l'est de la Méditerranée. L'un d'eux, Éber, fut l'ancêtre des Hébreux.

Les fils de Noé s'étaient ainsi groupés en clans et en nations. C'est à partir d'eux que les peuples se dispersèrent sur toute la surface de la terre.
Mais avant de s'éparpiller aux quatre coins de l'horizon, les hommes parlaient une même langue et se servaient des mêmes mots.
Au cours de leurs migrations vers l'Orient, ils découvrent une plaine, en Mésopotamie, et décident de s'y installer. Ils se disent: «Moulons des briques et cuisons-les au feu.»
La brique leur tient lieu de pierre et le bitume de mortier.
Puis ils décident: «Bâtissons une ville, et élevons une tour qui monte jusqu'au ciel. Faisons-nous une renommée, et ne nous dispersons pas sur toute la surface de la terre.»

C'est alors que Dieu, intrigué, descend pour voir la ville et la tour que bâtissent les hommes. Il dit: «Voici qu'ils forment un seul peuple et parlent un même langage. C'est là leur première œuvre. Rien de ce qu'ils préméditeront désormais ne leur sera impossible. Descendons

Les hommes parlaient une même langue et se servaient des mêmes mots.

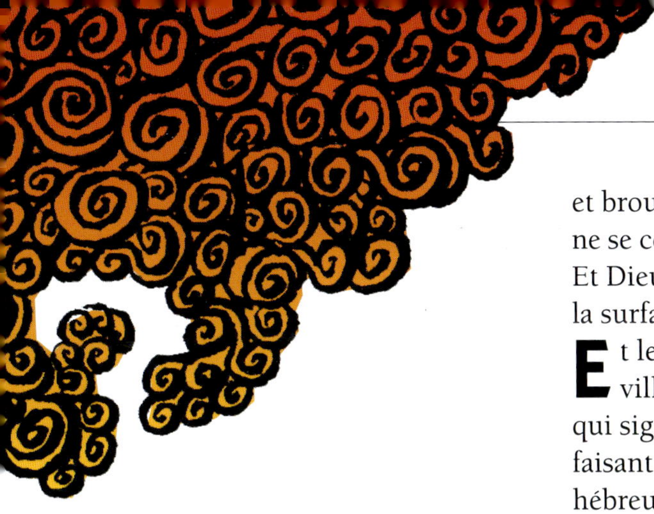

et brouillons leur langage afin qu'ils ne se comprennent plus entre eux.» Et Dieu les dispersa sur toute la surface de la terre.

Et les hommes cessèrent de bâtir la ville. On lui donna le nom de Babel, qui signifie la «Porte de Dieu», mais en faisant un jeu de mots avec un terme hébreu qui veut dire «confondre, brouiller». Car c'est là que Dieu brouilla le langage de tous les hommes et qu'Il les dispersa sur toute la surface de la terre.

Dieu les dispersa sur toute la surface de la terre.

L'HISTOIRE D'ABRAHAM

Dix générations ont passé depuis Noé. De nombreux descendants de son fils Sem se sont installés en Mésopotamie.
Le vieux Tèrah est l'un d'eux. Il vit à Ur, avec ses fils Abram, Harân et Nahor, leurs femmes et leurs enfants.
La Mésopotamie – «le pays entre les deux fleuves» – est une région fertile, qui a développé une brillante civilisation, mais qui connaît aussi de nombreuses guerres.
Peut-être est-ce pour cette raison que Tèrah, un jour, décide de quitter Ur pour aller en Canaan. Il part avec Abram, Saraï et Loth, le fils d'Harân. Saraï, l'épouse d'Abram, est très belle, mais elle ne peut avoir d'enfants, ce qui est alors une malédiction et un sujet de honte.
Ils partent avec leurs troupeaux et leurs serviteurs, mais ils ne vont pas jusqu'en Canaan. Ils s'arrêtent à Harrân, où le vieux Tèrah meurt, âgé de deux cent cinq ans.
C'est là aussi qu'Abram entend la voix de Dieu qui lui dit: «Quitte ce pays où tu es né, ta famille et la maison de ton père, et pars vers le pays que Je vais t'indiquer. Je ferai de toi une grande nation. Je te bénirai et ton nom sera glorieux.»
Abram rassemble ses biens, ses serviteurs, et il part comme Dieu le lui a demandé, avec sa femme Saraï et son neveu Loth.
Ils vont jusqu'au pays de Canaan, qui s'étire le long de la côte est de la Méditerranée. Ils descendent jusqu'à Sichem, qui est aujourd'hui la ville de Naplouse, et là, ils s'arrêtent près du chêne de Moréh.
C'est alors qu'Abram perçoit de nouveau la voix de Dieu qui lui dit:
«À ta descendance Je donnerai ce pays.»
Prenant de larges pierres, il élève un autel, à l'endroit précis où Dieu lui a parlé.
Poursuivant leur route vers le sud, ils gagnent la montagne et établissent leur campement à l'est du lieu-dit Béthel.
Là encore, Abram élève un autel à Dieu et l'invoque.

Il élève un autel, à l'endroit précis où Dieu lui a parlé.

Puis, ils reprennent leur route vers le sud, en direction du désert du Néguev. Mais la famine sévit dans la région; la seule façon d'y échapper est d'aller se réfugier en Égypte. Abram dit alors à Saraï: «Tu es très belle, et quand les Égyptiens te verront, ils me tueront pour t'avoir à eux. Dis que tu es ma sœur, ainsi ils me traiteront bien.»
En effet, les Égyptiens remarquent très vite Saraï et l'éloge de sa beauté parvient à Pharaon, qui veut la voir. Séduit lui aussi, il la fait installer dans son palais et comble de biens celui qu'il croit être son frère: Abram reçoit en présent du petit et du gros bétail, des ânes, des chameaux, des serviteurs…
Mais Dieu ne l'entend pas ainsi. Il envoie de terribles catastrophes qui frappent Pharaon et les siens. Si bien que celui-ci, cherchant la cause de tous ses maux, finit par découvrir la vérité et convoque Abram. «Vois ce que tu as fait! lui dit-il. Pourquoi ne m'as-tu pas dit qu'elle était ta femme? Pourquoi m'as-tu fait croire qu'elle était ta sœur, si bien que je l'ai prise pour moi! Maintenant, reprends-la et va-t'en!»
Ne voulant pas encourir davantage la colère divine, Pharaon les fait reconduire, avec tous leurs biens, hors du pays d'Égypte.
Ils traversent à nouveau le plateau aride du Néguev et s'établissent à l'est de Béthel, là où Abram a déjà élevé un autel. Il y invoque Dieu.

«Contemple **les étoiles** et essaie de les **compter**. Tes descendants seront aussi **nombreux** qu'elles.»

Abram est maintenant très riche. Il possède de grandes quantités d'or et d'argent, et son troupeau est abondant. Son neveu, Loth, a lui aussi du petit et du gros bétail en quantité. Aussi la région ne peut-elle suffire à assurer leurs besoins et des disputes éclatent bientôt entre les bergers de leurs troupeaux. Soucieux de préserver leur entente, Abram propose à Loth de séparer leurs chemins. Loth choisit la plaine verdoyante du Jourdain, qui traverse le pays de Canaan du nord au sud, véritable jardin de Dieu.

Abram entend de nouveau la voix divine: «Lève donc les yeux et regarde: tout le pays qui s'étend au nord, au sud, à l'est et à l'ouest, oui, tout le pays que tu vois, Je te le donne, pour toujours, à toi et à tes descendants, qui seront aussi nombreux que les grains de poussière de la terre.»

Abram reprend la route du sud et dresse son campement aux chênes de Mambré, à Hébron. Il y bâtit un autel à l'Éternel.
Abram devient bientôt le maître d'un vaste domaine. Avec ses nombreux serviteurs et alliés, il repousse à plusieurs reprises des incursions ennemies et acquiert une réputation d'homme juste et courageux. Mais le temps passe et il se désespère de n'avoir toujours pas d'héritier. Il s'en plaint à Dieu: «C'est un lointain parent qui héritera de mes biens…»
Dieu lui montre le ciel: «Contemple les étoiles et essaie de les compter. Tes descendants seront aussi nombreux qu'elles.»
Abram crut en ces paroles et il plut à Dieu.

Le soir, alors que le soleil est sur le point de se coucher, une frayeur s'empare d'Abram tandis qu'une épaisse nuée l'enveloppe. Il entend la voix de Dieu : «Sache que tes descendants seront esclaves dans un pays étranger durant quatre cents ans. Puis ils reviendront ici. Mais toi, tu connaîtras une vieillesse heureuse.»

Ce jour-là, Dieu conclut une alliance avec Abram sur cette promesse : «Je donne ce pays à ta descendance,

du fleuve d'Égypte à l'Euphrate, qui coule en Mésopotamie.»
De son côté, Saraï, son épouse, voyant qu'elle devient trop âgée pour avoir des enfants, dit à Abram : «Dieu ne m'a pas permis d'enfanter. Va trouver ma jeune servante égyptienne, Hagar. Elle te donnera peut-être un fils et nous le reconnaîtrons comme notre enfant, ainsi que l'autorise la coutume.»
Abram accepte et bientôt Hagar est enceinte. Elle en tire une grande fierté mais aussi un sentiment de supériorité envers sa maîtresse, qu'elle traite avec mépris. Saraï, blessée, s'en plaint à Abram.
«Elle est ton esclave, fais-en ce que tu veux!» lui répond-il. Et Saraï punit Hagar de son impertinence. Si bien que celle-ci s'enfuit dans le désert tout proche. Mais un messager de Dieu la rejoint près d'un puits.

«Hagar, retourne chez ta maîtresse Saraï, lui dit l'Envoyé de Dieu, et obéis-lui. Ta descendance sera innombrable, ajoute-t-il. Tu vas donner naissance à un fils. Tu l'appelleras Ismaël – ce qui signifie en hébreu «Dieu entend»–, car Dieu a entendu ta souffrance. Il sera fort et libre et il s'imposera face à tous ses frères.»
Hagar s'exécute. Et bientôt, elle met au monde un fils qu'Abram nomme Ismaël.

« Tu vas donner **naissance** à un fils. Tu l'appelleras **Ismaël**.»

«Désormais ton nom ne sera plus Abram mais Abraham.»

Abram a alors quatre-vingt-six ans. Treize années passent. Et Dieu se manifeste de nouveau à lui, qui se jette face contre terre. Dieu lui dit: «Désormais ton nom ne sera plus Abram mais Abraham [ce qui fait un jeu de mots avec un terme hébreu qui signifie "Père d'une multitude"]. J'établirai une alliance avec toi et avec les générations qui te succéderont: dès l'âge de huit jours, vous ferez circoncire vos enfants mâles; ce sera le signe de cette alliance dans votre chair et vous y serez fidèles à jamais. Ton épouse Saraï s'appellera désormais Sarah [ce qui signifie "princesse"]. Je la bénirai et elle te donnera un fils d'où naîtront des nations.»

Abraham ne peut s'empêcher de rire: il va avoir cent ans et Sarah quatre-vingt-dix-ans! Comment pourraient-ils avoir un enfant?

Aussi risque-t-il:

«Ne pourrais-tu accepter Ismaël…

– C'est Sarah, ta femme, qui te donnera un fils, lui est-il répondu. Quant à Ismaël, Je le bénis et il sera lui aussi le père d'une grande nation.»

Et Dieu disparut aux yeux d'Abraham.

Mais Il ne tarde pas à se manifester une nouvelle fois, de façon inattendue.

C'était à l'heure la plus chaude de la journée. Abraham se reposait à l'entrée de sa tente, dans la chênaie de Mambré, lorsqu'il vit trois hommes approcher.
Il se précipite à leur rencontre et se prosterne à terre en signe de bienvenue.
«Veuillez ne pas passer loin de moi. Qu'on apporte de l'eau pour vous laver les pieds, puis vous vous reposerez à l'ombre de cet arbre. Je vais vous apporter du pain.
– Fais comme tu le dis», lui répondent-ils.
Soucieux, comme tous les nomades d'alors de bien accueillir quiconque demande l'hospitalité, Abraham appelle Sarah:
«Vite! Pétris des galettes!»

Puis il va choisir un veau tendre et gras dans son troupeau et donne l'ordre à ses serviteurs de le préparer. Il prend aussi du lait, du beurre et va poser le tout devant ses invités. Après s'être rassasiés, ceux-ci lui demandent:
«Où est Sarah?
– Elle est là, dans la tente.
– Je reviendrai l'an prochain, à la même époque, et alors Sarah aura un fils.»
Sarah, qui se tient derrière eux, à l'entrée de la tente, entend ces paroles et se met à rire tout bas en se disant: «Je suis usée et mon époux est si vieux, comment pourrions-nous connaître ce bonheur?»
Le visiteur dit alors:
«Pourquoi Sarah a-t-elle ri en se disant "Comment pourrais-je enfanter alors que je suis vieille"? Y a-t-il quelque chose d'impossible à Dieu? L'an prochain je reviendrai vers toi à cette même époque et Sarah aura un fils.
– Je n'ai pas ri! réplique aussitôt Sarah, qui prend peur.
– Si, tu as ri!»
Les hommes se levèrent et s'éloignèrent.

«Comment pourrais-je enfanter alors que je suis vieille?»

Hagar partit avec Ismaël et s'égara dans le désert.

Dieu tint parole. Sarah devint enceinte et mit au monde un fils comme cela lui avait été annoncé. Abraham avait cent ans. Il appela son fils Isaac, ce qui signifie «Dieu a souri».
«Dieu m'a donné occasion de rire, dit Sarah, et tous ceux qui l'apprendront riront. Qui eût cru que cela fût possible?»
Abraham fit circoncire Isaac huit jours plus tard, selon les prescriptions divines.
L'enfant grandit. Deux ans plus tard, quand il fut sevré, Abraham organisa une grande fête. Sarah, qui le regardait jouer avec Ismaël, le fils d'Hagar, dit soudain à Abraham:
«Le fils de cette femme ne doit pas hériter avec Isaac. Chasse-le, lui et sa mère!»
Ces paroles déplurent à Abraham, car Ismaël était son fils. Mais Dieu lui dit:
«Fais ce que te demande Sarah, car ta descendance viendra d'Isaac. Je prendrai soin d'Ismaël et une grande nation naîtra aussi de lui.»
Abraham se leva de bon matin. Il donna à Hagar du pain, une outre d'eau et il les renvoya, elle et son enfant.
Hagar partit avec Ismaël. Elle marcha vers le sud et s'égara dans le désert de Béer-Shéva. Bientôt ils n'eurent plus rien à boire. Épuisée, désespérée, Hagar laissa Ismaël au pied d'un arbuste et s'éloigna.
«Je ne veux pas voir mourir cet enfant», se disait-elle. Elle alla s'asseoir un peu plus loin et pleura.

Dieu entendit les gémissements d'Ismaël. Il envoya auprès d'Hagar un messager qui lui dit:
«Hagar, sois sans crainte, Dieu a entendu la souffrance de ton enfant. Relève-toi, va le trouver et prends-le par la main.»
Il lui dessilla alors les yeux et elle vit un puits. Vite, elle remplit son outre d'eau et courut faire boire l'enfant. Ils étaient sauvés!
Ismaël grandit sous le regard de Dieu. Il vécut dans le désert de Paran, plus au sud, et sa mère lui fit épouser une fille du pays d'Égypte.

Quelque temps plus tard, Dieu voulut mettre à l'épreuve la fidélité d'Abraham. Il l'appela :
« Abraham !
– Me voici, répondit-il.
– Prends avec toi ton fils unique, Isaac, que tu aimes tant et pars pour le pays de Moriah. Là, tu Me l'offriras en sacrifice, sur la montagne que Je t'indiquerai. »
Abraham ne dit mot. Il se leva de bon matin, sangla son âne, prépara du bois pour le feu du sacrifice et partit avec Isaac et deux jeunes serviteurs pour le lieu que Dieu lui avait indiqué.
Ils marchèrent durant trois jours avant d'apercevoir le pays de Moriah. Abraham dit aux jeunes garçons :
« Restez ici avec l'âne. Je vais avec Isaac rendre hommage à Dieu sur cette montagne. Puis nous reviendrons. »
Il prit le bois qu'il avait préparé et en chargea son fils.
Lui-même porta les braises et le couteau, et ils partirent côte à côte.
« Mon père ! dit soudain Isaac.
– Oui, mon fils.
– Voici le feu et les bûches, mais où est l'agneau pour le sacrifice ?
– Dieu y pourvoira, mon fils », répondit Abraham.

« Voici le feu et les bûches, mais où est l'agneau pour le sacrifice ? »

Arrivé au sommet de la montagne que Dieu lui avait indiquée, Abraham prit des pierres et construisit un autel. Il y disposa les bûches, ligota Isaac, son fils, et le plaça sur le bois prêt à brûler. Puis il prit le couteau pour l'immoler. Mais l'Ange de Dieu, du haut du ciel, l'appela:
«Abraham! Abraham!
– Me voici! répondit Abraham.
– Ne fais pas cela! poursuivit l'Ange. Je sais maintenant que tu honores Dieu car tu ne Lui as pas refusé ton enfant, ton fils bien-aimé!»
Abraham aperçut un bélier, qui se débattait, les cornes prises dans les broussailles. Il l'attrapa et l'offrit en sacrifice à la place de son fils.

Du haut du ciel, l'Ange de Dieu appela une seconde fois Abraham et lui dit: «Je fais serment sur Mon Nom, a dit l'Éternel, que parce que tu as écouté Ma Voix, Je te comblerai de bienfaits, Je multiplierai tes descendants comme les étoiles au firmament et comme les grains de sable que la mer dépose sur le rivage.»

Il ligota Isaac, son fils, et prit le couteau pour l'immoler.

Abraham vécut encore de longues années et s'éteignit, **comblé** et **rassasié** de jours.

Abraham et Isaac allèrent retrouver leurs serviteurs et reprirent le chemin de Béer-Shéva.
Isaac avait presque quarante ans lorsque Sarah mourut, âgée de cent vingt-sept ans. Abraham acheta la grotte de Makpéla, à Hébron, non loin des chênes de Mambré, où il l'ensevelit.
Puis il envoya un serviteur dans sa famille, restée en Mésopotamie, chercher une femme pour son fils.
C'est ainsi qu'Isaac épousa Rebecca.
Quant à Abraham, il vécut encore de longues années et s'éteignit, comblé et rassasié de jours. Ses fils Ismaël et Isaac l'ensevelirent aux côtés de Sarah, dans la grotte de Makpéla. C'est là que reposeront aussi Isaac et Rebecca ainsi que Jacob, leur fils, qui sera l'ancêtre des douze tribus d'Israël.

L'HISTOIRE DE JOSEPH

Dans les collines rocailleuses de Canaan, proches de la ville d'Hébron, Joseph et ses frères font paître les troupeaux de moutons et de chèvres de leur père, Jacob.
Joseph n'a que dix-sept ans. Sa beauté, son esprit vif et son charme lui attirent la sympathie de tous, excepté de ses frères, qui lui reprochent d'être le préféré de leur père.
Jacob, en effet, ne cache pas sa prédilection pour ses deux plus jeunes fils, Joseph et Benjamin. Ils lui rappellent leur mère, Rachel, qu'il aimait tendrement, et qui est morte en mettant au monde Benjamin.
Jacob chérit particulièrement Joseph, et s'ingénie à lui faire plaisir. Ne vient-il pas de lui offrir une superbe tunique à manches longues, comme en portent les princes ? Ses frères sont jaloux.
Ils finissent par le haïr. Et puis, Joseph les agace : chaque soir, il raconte à leur père tous les événements de la journée, et ce n'est pas toujours à leur avantage…

Jacob chérit particulièrement Joseph, et s'ingénie à lui faire plaisir.

Comble de tout, voilà qu'un beau matin il annonce, tout excité : «J'ai rêvé que nous étions en train de lier des gerbes dans les champs. Soudain, ma gerbe s'est dressée et les vôtres se sont prosternées devant elle.»
À cette époque, les rêves sont pris très au sérieux, car ils peuvent être des messages de Dieu et donner de précieuses indications sur l'avenir. Et voilà que Joseph fait un second rêve, qu'il raconte aussitôt à ses frères et à son père : «J'ai vu le soleil, la lune et onze étoiles se prosterner devant moi.»
Jacob lui-même trouve qu'il va un peu loin :
«Veux-tu dire que devrons tous, tes frères et moi, nous prosterner devant toi ?»

Ils vendent Joseph contre vingt pièces d'argent.

La jalousie des frères grandit encore mais aussi leur inquiétude : et si Joseph avait l'intention, plus tard, de les déposséder de leurs biens et de les dominer ?
Un jour qu'ils sont allés faire paître leurs troupeaux à Sichem, à quatre ou cinq jours de marche vers le nord, Jacob envoie Joseph prendre de leurs nouvelles. Joseph part aussitôt. Arrivé dans la campagne proche de Sichem, il rencontre un homme qui lui indique l'endroit où sont allés ses frères : un peu plus vers le nord, jusqu'à la plaine de Dothan.
Ceux-ci, voyant venir Joseph, pensent que c'est le moment idéal pour se débarrasser de lui : « Tuons-le et jetons-le dans une citerne ! Nous dirons qu'une bête féroce l'a dévoré ! »
L'aîné, Ruben, s'y oppose : « Jetons-le dans une citerne si vous voulez, mais ne le tuons pas ! »

Dès que Joseph les rejoint, ils le dépouillent de sa belle tunique et le jettent dans une citerne qui est à sec. Puis ils déjeunent. Passe alors une caravane de marchands qui vont vendre leurs produits – de la gomme, du baume, des parfums… – en Égypte.
Une idée vient alors à Juda, l'un des frères : « La loi de nos pères nous interdit de tuer, dit-il soudain. Si nous tuons notre frère, cela ne nous attirera que des ennuis. Vendons-le plutôt à ces marchands ! »
Les onze frères acquiescent aussitôt. Ils tirent Joseph de la citerne et le vendent contre vingt pièces d'argent.

Pour faire croire qu'un animal sauvage l'a dévoré, ils égorgent un bouc et trempent dans le sang la tunique de Joseph. Puis ils l'envoient à Jacob avec ce message: «Voilà ce que nous avons trouvé, vois si c'est bien la tunique de ton fils.» Jacob reconnaît aussitôt le vêtement. Il est désespéré. Il se reproche d'avoir laissé partir seul son fils chéri. Il déchire ses habits en signe de deuil, s'enveloppe dans un sac et pleure durant de longs jours, refusant toute consolation.

Pendant ce temps, Joseph est vendu comme esclave au chef des gardes de Pharaon, le souverain tout-puissant d'Égypte.

Mais Dieu ne l'a pas abandonné et lui fait réussir tout ce qu'il entreprend. Son maître, Putiphar, s'aperçoit très vite que tout prospère entre ses mains, et il lui confie la gestion de ses biens. La femme de Putiphar, elle aussi, a remarqué Joseph. Elle cherche à le séduire, mais il la repousse, refusant de trahir la confiance de son maître. Et puis, Joseph, bien que vivant en Égypte, reste un Hébreu: il respecte la Loi de son Dieu, qui interdit de désirer l'épouse d'un autre.
Un jour, en entrant dans la maison, il la trouve seule, sans domestiques. Elle se précipite vers lui et le saisit par son vêtement. Mais Joseph se dégage et s'enfuit, abandonnant sa tunique dans les mains de la femme.
Humiliée, celle-ci appelle ses serviteurs et, leur montrant le vêtement de Joseph, elle l'accuse d'avoir voulu lui faire violence. Furieux, Putiphar fait jeter Joseph en prison.

Furieux, Putiphar fait jeter Joseph en prison.

Encore une fois, Dieu vient à son secours: Il attire sur lui l'estime du chef des gardiens, qui lui confie la surveillance de tous les prisonniers. Parmi eux se trouvent le maître panetier, responsable du pain apporté à la table de Pharaon, et le maître échanson, celui qui présente au souverain la coupe de vin. Une nuit, tous deux ont un songe. Le matin, les voyant inquiets et abattus, Joseph les questionne.
Le maître échanson lui raconte son rêve: «J'ai vu un pied de vigne, avec trois branches. Il s'est mis à fleurir, puis des grappes sont apparues et les grains ont mûri. J'ai pressé ce raisin dans la coupe que je tenais et je l'ai posée dans la main de Pharaon.»
Joseph lui explique que les trois branches correspondent à trois jours et que, dans trois jours, il sera libéré et retrouvera son emploi.
Il lui demande de se souvenir alors de lui et de plaider sa cause auprès de Pharaon, en lui rappelant qu'il est innocent.

Le maître panetier, à son tour, raconte son rêve à Joseph:
«J'avais sur la tête trois corbeilles de pain blanc. Dans celle du dessus, il y avait les pâtisseries que mange Pharaon et des oiseaux venaient les picorer.»
Joseph lui dit:
«Dans trois jours, tu mourras et les oiseaux viendront becqueter ta chair.»
Tout se passa comme l'avait dit Joseph. Mais le maître échanson ne se souvint pas de lui.

Deux ans passent. Pharaon, à son tour, fait un songe qui le perturbe: il se tient près du Nil, et voit monter du fleuve sept vaches, belles et grasses, qui se mettent à paître. Elles sont suivies de sept autres vaches, maigres et de piteux aspect, qui les dévorent. Éveillé par ce songe, Pharaon se rendort et un second rêve lui vient, où il voit sept gros épis sur une même tige, puis sept autres épis apparaissent, tout petits et desséchés, qui avalent les premiers. Pharaon convoque les meilleurs devins d'Égypte, tous experts dans l'interprétation des songes. Mais aucun ne trouve une explication.

Le maître échanson se souvient alors de Joseph. Il parle à Pharaon de cet Hébreu qui, en prison, avait si bien interprété son rêve et celui du maître panetier. Pharaon demande aussitôt qu'on le fasse venir.

«J'ai entendu dire, lui-dit-il, que tu n'avais pas ton pareil pour interpréter les songes.

– Pas moi, répond Joseph, mais Dieu. C'est Lui qui donne la réponse.»

Pharaon lui raconte ses rêves, et aussitôt Joseph explique:

«Ces deux songes ne font qu'un. Ils sont identiques. Les sept vaches grasses et les sept gros épis, ce sont sept années. Les sept vaches maigres et les sept épis desséchés représentent sept années de famine. Voici venir sept années d'abondance dans le pays. Puis surviendront sept années terribles de famine, qui feront oublier les sept années d'abondance. Si cela a été dit deux fois, par deux songes, c'est que Dieu a décidé de le réaliser bientôt.»

«J'ai entendu dire que tu n'avais pas ton pareil pour interpréter les songes.»

Et Joseph ajoute:
«Ce que Pharaon doit faire maintenant, c'est choisir un homme intelligent et sage qui prenne en main les affaires du pays. Pendant les années d'abondance, il veillera à ce que, dans toutes les villes, des réserves de blé soient faites, qui serviront à nourrir le pays d'Égypte durant les années de famine.»

Tous ceux qui sont présents admirent la sagesse de Joseph. Et Pharaon l'établit à la tête du pays. Il lui donne autorité sur tout le peuple égyptien et lui remet les insignes du pouvoir: des vêtements de lin fin, l'anneau portant le sceau royal ainsi que le collier d'or. Il lui donne pour femme Asenath, fille d'un prêtre éminent.

Joseph a alors trente ans. Il parcourt tout le pays, va de ville en ville, sillonne la campagne, organisant les réserves de nourriture. Pendant sept ans, la terre produit en abondance, et les quantités de blé emmagasinées sont telles qu'on cesse d'en faire le compte.

Durant cette période faste, Joseph a deux fils: Manassé et Éphraïm.

Puis vient la famine. La terre cesse de produire, le bétail dépérit. Joseph ouvre les greniers à blé. Et de tous les pays alentour, on vient lui acheter du blé.

Puis vient la **famine.**
La terre cesse de produire,
le bétail dépérit.

En Canaan, Jacob, lui aussi, apprend que l'Égypte a du blé à vendre. Il envoie aussitôt ses fils en acheter, sauf Benjamin, le plus jeune, qu'il garde à ses côtés, craignant qu'il ne lui arrive malheur. Arrivés en Égypte, les fils de Jacob vont trouver Joseph et se prosternent devant lui, sans le reconnaître.

«Non! Vous êtes des espions.»

Mais lui les reconnaît, et il se souvient des songes qu'il avait eus dans sa jeunesse et qui les avaient tellement inquiétés.
«D'où venez-vous? leur demande-t-il avec dureté, leur parlant en égyptien par l'intermédiaire d'un interprète.
– Du pays de Canaan, pour acheter du blé, expliquent-ils.
– Non! Vous êtes des espions! reprend Joseph, bien décidé à ne pas se faire reconnaître et à les éprouver.
– Non, Seigneur, nous sommes douze frères. Le plus jeune est resté avec notre père, et un autre n'est plus.»
Joseph ne veut rien entendre et les met tous en prison.

Trois jours plus tard, il leur dit: «Si vous êtes sincères, allez chercher votre plus jeune frère. En attendant, l'un de vous restera prisonnier ici.»
Ils se disent entre eux:
«Tout cela nous arrive parce que nous sommes coupables! Nous sommes restés sourds aux cris de notre frère quand il nous suppliait!»

Joseph les entend, et il s'éloigne pour pleurer. Puis il revient vers eux, prend Siméon et le remet en prison. Il ordonne qu'on emplisse leurs sacs de blé et de provisions pour la route, et qu'on y remette aussi leur argent.
Les neuf frères chargent leurs ânes et reprennent la route. À leur première étape, l'un d'eux, ouvrant son sac, y découvre l'argent qui a servi à payer le blé. Tous se regardent en tremblant, sans comprendre.
Arrivés chez leur père, ils lui racontent leurs aventures et lui annoncent qu'ils doivent repartir avec Benjamin, sinon Siméon mourra.

Jacob, qui a perdu deux fils, refuse de leur confier Benjamin.
Mais la famine s'aggrave de jour en jour et le blé s'épuise. S'ils ne veulent pas mourir, il leur faut retourner en Égypte.
«L'homme qui est le seigneur du pays a été formel: si nous ne venons pas avec notre jeune frère, il ne nous recevra pas», protestent les frères.
Juda dit alors à son père:
«Je me porte garant de Benjamin et je te le ramènerai vivant. Mettons-nous vite en route.»
Jacob ne peut que se résigner. Il donne à ses fils les meilleurs produits du pays comme cadeaux au seigneur d'Égypte: un peu de baume et de miel, des amandes, des pistaches…

Les neuf frères reprennent le chemin de l'Égypte avec Benjamin.
Quand Joseph les voit arriver, il donne l'ordre de leur préparer un repas à sa table. Puis il fait libérer Siméon. Leur peur ne fait que grandir…
Joseph les rejoint, les salue aimablement et leur demande:
«Comment va votre vieux père? Est-il toujours en vie?
– Notre père se porte bien», répondent-ils en se prosternant.
Joseph se tourne alors vers Benjamin, celui dont il est le plus proche, car ils ont la même mère. Il le salue, puis se hâte de sortir car l'émotion l'envahit et il ne peut retenir ses larmes.
Il leur fait servir les meilleures parts. Benjamin reçoit cinq fois plus que ses frères, Joseph voulant vérifier s'ils sont toujours jaloux.

Jacob ne peut que se résigner.

Les frères mangent et boivent avec plaisir, rassurés. Joseph donne alors ordre à son serviteur de remplir leurs sacs de provisions, d'y remettre leur argent et de placer dans celui de Benjamin sa propre coupe en argent.
Le matin suivant, les frères chargent leurs ânes et reprennent la route. À peine sont-ils sortis de la ville que Joseph dit à son serviteur:
«Rattrape-les! Et dis-leur: "Pourquoi avez-vous rendu le mal pour le bien? Vous avez volé la coupe qui sert à mon maître pour boire et lire les présages!"
Le serviteur les rejoint très vite et leur répète ces paroles. Ils protestent, déclarent qu'ils ne sont pas des voleurs, mais que si l'un d'eux a fait cela, il mérite la mort.

Ils mettent pied à terre. Le serviteur fouille leurs sacs, en commençant par celui de l'aîné, et leur montre la coupe qu'il sort du sac de Benjamin.
Ils déchirent leurs vêtements de désespoir, rechargent leurs ânes et reviennent vers la ville. En entrant dans la maison de Joseph, ils se jettent à ses pieds.
Joseph leur dit:
«Pourquoi avez-vous fait cela? Ne saviez-vous pas que je devine tout? Celui qui avait la coupe dans son sac sera mon esclave. Les autres peuvent repartir en paix.»

«Je suis Joseph.»

Juda lui répond:
«Monseigneur, permets que je te parle sans t'irriter. Notre père a déjà perdu un fils et il ne s'en est jamais consolé. Si nous rentrons sans notre jeune frère, il mourra de chagrin. Garde-moi comme esclave à sa place.»
Joseph ne peut plus contenir son émotion. Il sait maintenant que ses frères ont bien changé et qu'ils sont prêts à se sacrifier pour sauver l'un d'entre eux. Il fait sortir ses gens et, resté seul avec eux, il leur dit:
«Je suis Joseph.»

C'est ainsi que Jacob et sa famille s'établirent en Égypte.

Bouleversés, ils restent sans voix. Joseph les rassure aussitôt:
«N'ayez pas peur. Vous m'avez vendu comme esclave en Égypte. Mais cela m'a permis de vous venir en aide aujourd'hui. C'est Dieu qui m'a fait maître de ce pays pour que je puisse vous y accueillir. Allez vite chercher mon père. Dites-lui de ma part de venir s'installer ici, lui, ses enfants, ses petits-enfants, son petit et gros bétail et tout ce qui lui appartient.»
Puis il se jette, en larmes, au cou de Benjamin.
La nouvelle parvient à Pharaon, qui dit à Joseph:
«Que tes frères retournent au pays de Canaan chercher votre père et vos familles, et qu'ils reviennent ici. Je leur donnerai ce qu'il y a de mieux en Égypte.»
Dès qu'il apprend la nouvelle, Jacob s'écrie:
«Joseph est vivant! Je le reverrai avant de mourir!»
C'est ainsi que Jacob et toute sa famille s'établirent en Égypte avec leurs troupeaux et tous leurs biens et, à leur suite, tous les Hébreux du pays de Canaan, poussés par la famine.
Quant à Joseph, il vécut en bonne entente avec ses frères et atteignit l'âge de cent dix ans.

L'HISTOIRE DE MOÏSE
SAUVÉ DES EAUX

Le temps a passé. Les pharaons se sont succédé à la tête du pays et les descendants de Jacob ont prospéré. Ils se sont tellement multipliés que le nouveau roi, qui n'a pas connu Joseph, s'inquiète de voir ces Hébreux devenir trop nombreux et trop puissants. D'autant plus que des voisins conquérants rêvent d'envahir l'Égypte afin de dominer toute la région; une attaque est toujours possible. «Qui sait, se dit-il, ce que feraient les Hébreux si l'Égypte entrait en guerre avec un autre peuple: ces étrangers ne prendraient-ils pas alors le parti de nos ennemis pour nous combattre et quitter ensuite le pays, nous laissant vaincus et affaiblis?» Pour les empêcher de se développer davantage, Pharaon les astreint à des travaux pénibles sous la surveillance de chefs de corvées. Il leur fera ainsi construire les villes de Pitôm et de Ramsès.

Ils les brutalisent et les traitent en esclaves.

Malgré leur nouvelle vie harassante et les mauvais traitements qu'ils subissent, les Hébreux sont toujours plus nombreux. Plus on cherche à les réduire, et plus leur population augmente. Les Égyptiens commencent à prendre peur: il leur semble que les Hébreux sont partout, qu'ils emplissent le pays… Cela devient une véritable hantise! Alors, ils les brutalisent encore plus et les traitent en esclaves. Ils leur imposent des tâches épuisantes: les travaux des champs les plus durs, la fabrication de mortier et de briques d'argile, qu'ils doivent exécuter dans les conditions les plus rudes.
Les sages-femmes des Hébreux reçoivent l'ordre de supprimer les nouveau-nés mâles:
«Si c'est un garçon, faites-le mourir, si c'est une fille, qu'elle vive.»

Tout garçon nouveau-né doit être jeté au fleuve.

Mais ces femmes craignent Dieu. Elles ne suivent pas l'ordre de Pharaon et laissent vivre les garçons.
«Les femmes des Hébreux sont plus vives que les Égyptiennes, expliquent-elles. Elles ont déjà accouché quand nous arrivons.»
Dieu récompense les sages-femmes et permet aux Hébreux de se développer encore.
Pharaon ordonne cette fois à tout son peuple:
«Tout garçon nouveau-né doit être jeté au fleuve. Laissez vivre les filles.»

Chez les Hébreux, c'est le désespoir. Particulièrement chez Amrâm, descendant d'un des frères de Joseph, Lévi. Amrâm a épousé Yokèvèd, qui vient de mettre au monde un garçon. Il est si beau…
Elle ne peut pas le tuer! Elle le cache aux yeux de tous. Trois mois passent ainsi, durant lesquels elle tremble que son secret ne soit découvert.
Il lui faut trouver une autre solution. Non, elle ne noiera pas son enfant, elle va le confier au fleuve, et à Dieu, qui prendra soin de lui.
Avec du papyrus, elle tresse une corbeille en forme de coffre, l'enduit de bitume pour la rendre étanche, puis elle y installe le bébé.
Elle dépose ensuite cette petite arche sur le Nil, parmi les roseaux, et recommande à sa fille de la surveiller discrètement.
Celle-ci voit bientôt arriver la fille de Pharaon, qui descend au fleuve pour se baigner, tandis que ses suivantes se promènent le long des berges.
La jeune princesse aperçoit la corbeille qui flotte parmi les joncs. Elle envoie une servante la chercher.

Elle l'ouvre et découvre l'enfant : un garçon, qui pleure.
Elle a aussitôt pitié de lui.
« C'est un petit Hébreu », dit-elle.
La sœur de l'enfant en profite pour s'approcher :

« Veux-tu que je te trouve une nourrice ? propose-t-elle à la fille du roi. Elle pourrait allaiter l'enfant si tu désires le garder. »
La princesse acquiesce. L'adolescente se hâte d'aller prévenir sa mère, qui accourt.
« Prends cet enfant, lui dit la fille de Pharaon, et allaite-le pour moi. Je te paierai. »

La femme emporte l'enfant, son enfant.
Elle va pouvoir le nourrir et le choyer en toute tranquillité !
Dès qu'il atteint l'âge d'être sevré, elle le conduit à la fille de Pharaon, qui l'adopte comme un fils.

Elle lui donne le nom égyptien de Moïse, faisant un jeu de mots avec un terme hébreu qui signifie «tiré de». «En effet, dit-elle, je l'ai tiré des eaux.» C'est ainsi que le jeune Moïse grandit à la cour de Pharaon. Il y reçut une éducation réservée aux princes : il apprit à lire et à écrire les hiéroglyphes, et fut, dit-on, initié aux arts et à la sagesse des Égyptiens.

C'est ainsi que **le jeune Moïse** grandit à la cour de Pharaon.

L'HISTOIRE DE MOÏSE
LA SORTIE D'ÉGYPTE

Moïse, bien que vivant comme un prince à la cour de Pharaon, n'en oublie pas pour autant qu'il est hébreu et que les siens sont esclaves en Égypte.
Un jour, il voit un Égyptien frapper violemment l'un d'entre eux. S'étant assuré que personne ne l'observait, il le tue et dissimule son corps dans le sable. Mais l'affaire parvient aux oreilles de Pharaon. S'il veut échapper à la mort, Moïse doit s'enfuir.
Il gagne un pays voisin, Madian. Assis près d'un puits, il voit bientôt arriver des jeunes filles conduisant leur troupeau. Elles commencent à puiser de l'eau pour remplir les auges, mais des bergers les bousculent pour prendre leur place. Moïse vient à leur secours et abreuve lui-même le bétail.
Mis au courant de cet incident, le père des jeunes filles envoie chercher l'inconnu pour le remercier. Il l'invite à s'installer chez lui et lui donne sa fille Cippora en mariage.
Une longue période passe. Le roi d'Égypte meurt. Du fond de leur misère, les Hébreux appellent à l'aide et crient leur désespoir. Et leur plainte douloureuse monte jusqu'à Dieu.
Un jour que Moïse fait paître le troupeau de son beau-père, de l'autre côté du désert, il arrive à la montagne de Dieu, le mont Sinaï. Soudain, il voit une flamme jaillir d'un buisson. Mais il remarque que le buisson, bien qu'embrasé, ne se consume pas. Intrigué, il s'approche et entend une voix l'appeler du milieu de la flamme :
«Moïse, Moïse !
– Me voici, répond-il.
– N'approche pas. Ôte tes sandales, car ce lieu est sacré. Je suis le Dieu de tes ancêtres, Abraham, Isaac et Jacob.»

«Je suis le Dieu de tes ancêtres, Abraham, Isaac et Jacob.»

«J'ai vu la souffrance de mon peuple en Égypte.»

Moïse se voile la face pour ne pas regarder Dieu, car aucun homme ne peut supporter cette vision sans mourir.
Dieu poursuit: «J'ai vu la souffrance de mon peuple en Égypte. Je suis descendu pour le libérer et le mener vers un pays d'abondance, un pays où ruissellent le lait et le miel.
Tu vas aller trouver Pharaon, et tu feras sortir Mon peuple d'Égypte.
– Mais comment le pourrais-je? proteste Moïse.
– Je serai avec toi. Et quand Mon peuple sera sorti d'Égypte, vous Me servirez sur cette montagne.
– Je vais dire aux Hébreux: "Le Dieu de vos pères m'envoie vers vous…" Mais s'ils me demandent Ton nom, que leur répondrai-je?
– Dis-leur ceci: Je suis Celui qui est éternellement. Dis-leur : "L'Éternel, le Dieu d'Abraham, d'Isaac et de Jacob, vos pères, m'a envoyé vers vous." C'est sous ce Nom que les hommes M'invoqueront à jamais.»
Dieu dit encore: «Réunis les Anciens parmi ton peuple et annonce-leur ce que Je viens de te dire. Ils t'écouteront et vous irez ensemble trouver Pharaon. Vous lui direz: "L'Éternel, le Dieu des Hébreux, s'est manifesté à nous. Accepte que nous allions dans le désert, à trois jours de marche, Lui offrir un sacrifice." Il refusera que vous partiez. J'étendrai alors la main sur l'Égypte et J'accomplirai des prodiges tels qu'il finira par vous laisser partir.
– Mais personne ne croira jamais que Tu m'es apparu ! s'inquiète Moïse.
– Qu'as-tu à la main? lui demande Dieu.
– Un bâton.
– Jette-le à terre.»
Moïse obéit. Aussitôt, le bâton se transforme en serpent.

Effrayé, Moïse s'enfuit. Mais Dieu le rappelle:
«Tends la main et saisis-le par la queue.»
Moïse s'exécute. Et le serpent redevient bâton. Dieu lui dit encore:
«Mets ta main sur ta poitrine.»
Moïse fait le geste et sa main devient lépreuse, blanche comme la neige.
«Remets ta main sur ta poitrine.»
Sa main reprend son aspect habituel.
«Si le premier signe ne les convainc pas, poursuit Dieu, tu accompliras le deuxième. S'ils ne t'écoutent toujours pas, tu répandras à terre de l'eau du fleuve et elle se changera en sang.
– Je T'en prie, Seigneur, objecte encore Moïse, j'ai toujours tant de peine à m'exprimer, ma bouche est pesante et ma langue embarrassée!
– Qui donne une bouche à l'homme? Qui lui permet de parler, d'entendre et de voir? N'est-ce pas Moi? Va! Je te soufflerai ce que tu devras dire.
– Pardonne-moi, Seigneur, insiste Moïse, mais donne donc cette mission à quelqu'un d'autre!»
Dieu s'irrite alors contre lui:
«Ton frère Aaron saura parler, lui. Je vous enseignerai ce que vous aurez à faire. Tu lui répéteras ce que Je t'ai dit, et c'est lui qui parlera en ton nom. Garde ce bâton, il te servira pour accomplir des prodiges.»

Moïse rentre chez son beau-père et lui annonce son prochain départ:
«Je dois repartir vers les miens, en Égypte, voir s'ils sont toujours en vie.
– Va en paix», lui répond celui-ci sans hésiter.
Moïse installe sa femme et son fils sur un âne et il reprend avec eux le chemin de l'Égypte, son bâton à la main.
L'Éternel envoie Aaron à sa rencontre, dans le désert. Ils se rejoignent à la montagne de Dieu et Moïse l'informe de la mission qui leur est confiée.

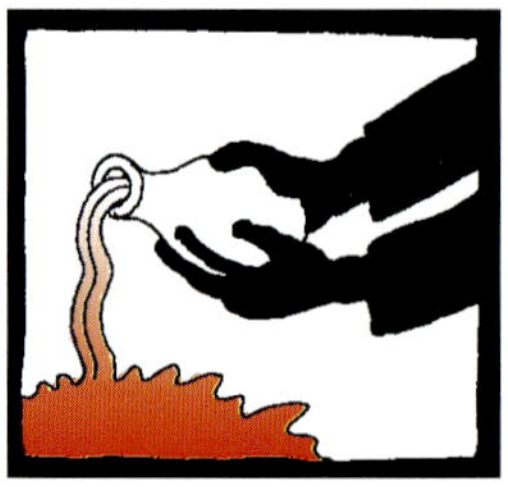

Moïse est alors âgé de quatre-vingts ans et Aaron de quatre-vingt-trois ans. Dès leur arrivée en Égypte, ils réunissent les Anciens. Et tous comprennent que Dieu vient à leur secours et ils se prosternent. Moïse et Aaron se présentent ensuite devant Pharaon et lui disent:

«Ainsi a parlé notre Dieu: "Laisse aller Mon peuple pour qu'il célèbre une fête en Mon honneur dans le désert."

– Qui est ce Dieu à qui je devrais obéir? rétorque Pharaon. Je ne connais rien de lui, et il n'est pas question que les Hébreux quittent le pays.

– Notre Dieu nous demande de Lui offrir un sacrifice à trois jours de marche dans le désert, insistent les deux frères. Nous devons y aller.

– Pourquoi voulez-vous détourner le peuple de son travail? répond Pharaon. Retournez à vos corvées!»

Puis il donne l'ordre de ne plus fournir aux Hébreux la paille qu'ils doivent mélanger à l'argile pour fabriquer des briques. Il leur faut désormais aller eux-mêmes la ramasser tout en continuant à fabriquer, chaque jour, la même quantité de briques. Ils sont si harassés que les scribes du peuple se plaignent auprès de Pharaon. En vain.

Moïse se tourne alors vers Dieu:

«Mon Seigneur, pourquoi m'as-Tu envoyé? Pourquoi fais-Tu ainsi souffrir Ton peuple? Non seulement Tu ne l'as pas délivré, mais ses souffrances ont augmenté.

– Tu vas voir, répond Dieu, comment Je vais contraindre Pharaon à les laisser partir et même à les expulser d'Égypte.»

«Mon Seigneur, pourquoi m'as-Tu envoyé? Pourquoi fais-Tu ainsi souffrir Ton peuple?»

Moïse et Aaron se rendent chez Pharaon et font tout ce que Dieu a ordonné.

Puis Il explique:
«Je Me suis manifesté à vos pères, Abraham, Isaac et Jacob, et Je Me suis engagé à leur donner le pays de Canaan, où ils résidaient alors en étrangers. Aussi, tu diras aux fils d'Israël: "Je vous arracherai aux corvées que les Égyptiens vous imposent et vous délivrerai de leur servitude." Vous serez mon peuple et Je serai votre Dieu. Puis Je vous donnerai le pays que J'ai promis à vos pères, car Je suis l'Éternel.»
Moïse répète ces paroles aux Hébreux, mais, écrasés par une trop dure servitude, ils ne l'écoutent pas. Dieu lui dit:
«Si Pharaon vous demande une preuve que vous agissez en Mon Nom, qu'Aaron jette à terre son bâton, il se changera en serpent.»
Moïse et Aaron se rendent chez Pharaon et font tout ce que Dieu a ordonné. Pharaon fait venir les magiciens et les devins égyptiens, qui réalisent le même prodige: leurs bâtons se métamorphosent aussi en serpents, mais celui d'Aaron les avale. Cependant, Pharaon refuse d'écouter.
Dieu dit à Moïse:
«Pharaon s'obstine. Il refuse de laisser partir Mon peuple. Attends-le, un matin, au bord du fleuve, où il a coutume de se rendre. Prends avec toi le bâton qui s'est changé en serpent. Et dis à Pharaon: "Tu n'as pas écouté ce que le Dieu des Hébreux m'a envoyé te dire. Voilà ce qu'Il dit maintenant: Je vais frapper les eaux avec ce bâton et elles se changeront en sang. Les poissons mourront et le fleuve en sera infecté."»

Dieu poursuit: «Dis à Aaron de prendre son bâton et d'étendre la main sur les rivières, les canaux, les étangs, les réserves d'eau des Égyptiens. Que tout ce qui est eau devienne sang dans tout le pays d'Égypte.»

Sous les yeux de Pharaon et de ses serviteurs, Aaron frappe les eaux de son bâton. L'eau du Nil se change en sang. Les poissons meurent et les Égyptiens ne peuvent plus boire de cette eau infectée. Il y a du sang dans tout le pays d'Égypte.
Mais les magiciens de la cour réalisent le même prodige. Le cœur de Pharaon s'endurcit et il rentre au palais sans se préoccuper davantage de cet événement.

Les Égyptiens doivent creuser aux abords du fleuve pour trouver de l'eau buvable. Sept jours s'écoulent ainsi.
Dieu dit alors à Moïse:
«Répète ces paroles à Pharaon: "Si tu refuses de laisser partir Mon peuple, Je vais faire pulluler des grenouilles sur tout ton territoire. Le Nil en sera saturé; elles entreront dans toutes les maisons, dans ta chambre et jusque dans ton lit, dans les fours et dans les pétrins. Sur toi, sur ceux qui t'entourent, sur tous grimperont les grenouilles."
Dis ensuite à Aaron: "Étends la main, avec ton bâton, sur les rivières, les canaux, les étangs et que les grenouilles envahissent le pays."»
Aaron étend la main sur toutes les eaux d'Égypte et les grenouilles recouvrent bientôt le territoire. Les magiciens égyptiens, avec leurs sortilèges, réalisent aussitôt le même prodige.

Pharaon convoque Moïse et déclare: «Dis à ton Dieu d'éloigner de moi ce fléau et je vous laisserai partir.
– Les grenouilles s'éloigneront de toi et de ton peuple, et tu sauras que nul n'égale notre Dieu», lui répond Moïse.
Dans les maisons, dans les cours, dans les champs, les grenouilles périssent. On en fait des tas, qui s'amoncellent et empestent dans tout le pays.
Une fois rassuré, Pharaon change d'avis et refuse d'écouter Moïse et Aaron.

Dans les maisons, dans les cours, dans les champs, les grenouilles périssent.

Dieu dit à Moïse: «Qu'Aaron frappe la terre avec son bâton, et la poussière se transformera en nuées de moustiques.»

Aaron étend la main et des moustiques par milliers tourmentent les hommes et les bêtes. Les magiciens essaient en vain de faire la même chose. Ils déclarent à Pharaon:
«Ce ne peut être que l'œuvre d'un dieu.»
Mais ce dernier ne veut rien entendre.
Dieu dit à Moïse:
«De bon matin, place-toi sur le chemin de Pharaon et répète-lui Mes paroles: "Laisse partir Mon peuple, sinon Je vais envoyer sur vous les poux et les puces. Le sol, les maisons en seront infestés, sauf là où vit Mon peuple."»
Le lendemain, les poux et les puces se répandent dans le pays et infestent les maisons.
Pharaon fait appeler Moïse et Aaron:
«Vous pouvez offrir des sacrifices à votre Dieu, mais faites-le ici.
– Ce n'est pas possible. Les bêtes que nous sacrifions, les béliers, les taureaux, sont des animaux sacrés pour les Égyptiens. Ils nous lapideraient en nous voyant les tuer! Non, nous voulons aller dans le désert, à trois jours de marche.
– Je vous laisserai partir, mais demande à ton Dieu d'avoir pitié de moi.
– Dès demain, la vermine s'éloignera de toi. Mais cesse de te moquer de nous.»
Les poux et les puces disparaissent. Mais Pharaon ne les laisse pas partir.

Dieu dit à Moïse: «Va chez Pharaon et dis-lui: "Écoute les paroles de notre Dieu:
– Laisse partir Mon peuple pour qu'il Me rende un culte, sinon, dès demain, J'étendrai la main sur tous les troupeaux qui paissent dans vos champs. Chevaux, ânes, chameaux, bœufs, moutons seront décimés par la peste. Mais les animaux des Hébreux seront épargnés."»

Aaron étend la main et des moustiques par milliers tourmentent les hommes et les bêtes.

les magiciens. Mais, comme Il l'a prédit, Dieu endurcit le cœur de Pharaon.

Il dit à Moïse: «Tôt le matin, présente-toi devant Pharaon et dis-lui: "Écoute les paroles que t'adresse le Dieu des Hébreux:– Si J'avais voulu, Je t'aurais frappé de la peste, toi et ton peuple, et vous auriez disparu de la surface de la terre. Si Je t'ai gardé en vie, c'est pour que tu connaisses mon pouvoir et que la terre entière glorifie mon Nom. Laisse partir Mon peuple, sinon Je ferai pleuvoir demain une grêle comme l'Égypte n'en a jamais connu. Que tout homme et toute bête qui sont aux champs se mettent à l'abri, sinon ils mourront."»

Le lendemain, les troupeaux des Égyptiens meurent. Pharaon envoie constater ce qui se passe chez les Hébreux : aucune bête n'a péri. Il s'obstine tout de même dans son refus. Dieu dit à Moïse et à Aaron : «Prenez de la suie plein vos mains et que Moïse la lance en l'air devant Pharaon. Elle se répandra en poussière sur tout le pays et provoquera des ulcères purulents chez les hommes et les bêtes.»
Moïse obéit et les Égyptiens sont couverts d'ulcères purulents, y compris

Moïse tend son bâton vers le ciel et Dieu déchaîne l'orage et la grêle avec une violence telle que l'herbe est hachée, les arbres brisés, les hommes et les animaux qui ont négligé de se mettre à l'abri sont tués. Seul est épargné le peuple hébreu.
Pharaon fait appeler Moïse:
«Cette fois, je reconnais que j'ai eu tort. Demande à ton Dieu d'éloigner ce fléau et je vous laisserai partir.
– Je tendrai les mains vers le Seigneur et l'orage et la grêle cesseront pour que tu comprennes que c'est à l'Éternel que la terre appartient. Mais je sais que ni toi ni ceux qui t'entourent ne Le craignez encore.»
Le tonnerre et la grêle s'apaisent, mais Pharaon retombe dans son obstination.
Dieu dit à Moïse: «C'est Moi qui provoque son refus afin de réaliser tous ces prodiges, pour que tu les racontes à tes fils et aux fils de tes fils et que vous sachiez que Je suis l'Éternel.»
Moïse et Aaron disent à Pharaon: «Écoute les paroles de notre Dieu: "Si tu refuses toujours de laisser partir Mon peuple, ton pays disparaîtra demain sous les sauterelles. Elles dévoreront tout ce que la grêle a épargné et envahiront les maisons."»
Puis ils sortent du palais. Mais Pharaon, pressé par ses serviteurs, les rappelle:
«Allez honorer votre Dieu! leur dit-il. Mais que seuls les hommes partent.
– Nous partirons avec nos familles et notre bétail, car nous allons célébrer une fête en l'honneur de notre Dieu.»

Furieux, Pharaon refuse et les chasse de son palais. Moïse tend son bâton et un vent d'est se lève. Toute la journée et toute la nuit il souffle, apportant les sauterelles. Au matin, le pays en est tout obscurci. En peu de temps, ce qui restait de vert sur les arbres et dans les prairies a disparu.
Pharaon fait appeler Moïse:
«Je suis coupable envers ton Dieu. Prie-le pour qu'il éloigne ce fléau!»

L'Éternel fait se lever un fort vent d'ouest qui emporte les sauterelles, jusqu'à la dernière, vers la mer des Joncs. Mais Il endurcit le cœur de Pharaon, qui ne laisse pas partir Son peuple.

Dieu dit à Moïse : « Étends la main vers le ciel et que des ténèbres épaisses recouvrent le pays. »
Moïse étend la main et l'Égypte est plongée dans une obscurité profonde. Durant trois jours, les Égyptiens, ne distinguant pas la moindre chose, ne peuvent se déplacer. Seuls les endroits où vivent les Hébreux sont épargnés.
Pharaon convoque Moïse :
« Allez rendre un culte à votre Dieu, mais laissez ici votre bétail.
– Impossible, répond Moïse. Ce sont des bêtes de nos troupeaux que nous devrons offrir en sacrifice à notre Dieu. »
Pharaon refuse et s'emporte :
– Hors d'ici ! Et ne reparais plus jamais devant moi !
– C'est toi-même qui l'as dit. Je ne reparaîtrai plus devant toi ! Mais écoute les paroles de l'Éternel : "Vers le milieu de la nuit, Je passerai à travers l'Égypte et tous les premiers-nés mourront, ceux des hommes et ceux des animaux. Un grand cri montera de tout le pays, comme jamais on n'en entendit et comme on n'en entendra jamais plus. Mais chez les Hébreux, pas un chien ne grognera contre qui que ce soit." Alors, tous tes serviteurs nous supplieront de partir ! » ajoute Moïse.
Et, emporté par la colère, il sort du palais. Mais Dieu endurcit le cœur de Pharaon, qui refuse de céder.

Moïse étend la main et l'Égypte est plongée dans une **obscurité** profonde.

«C'est la Pâque en l'honneur de l'Éternel.»

Dieu s'adresse à Moïse et à Aaron: «Ce mois-ci, le mois des épis, celui où la nature renaît, sera pour vous le premier de l'année. Le dix de ce mois, chaque famille choisira un agneau ou un chevreau mâle, âgé d'un an et sans défaut. Le quatorze, à la nuit tombante, vous l'égorgerez et vous marquerez de son sang les deux montants et le linteau des maisons dans lesquelles il sera mangé. Cette nuit-là, vous mangerez la chair rôtie au feu, avec des pains sans levain et des herbes amères. S'il reste des morceaux, brûlez-les. Vous mangerez à la hâte, prêts à partir: vêtus pour la route, les sandales aux pieds et le bâton à la main. C'est la Pâque en l'honneur de l'Éternel, le sacrifice qui célèbre son passage parmi vous. Car cette nuit-là, Je traverserai le pays d'Égypte et Je frapperai de mort tous les premiers-nés, des hommes et du bétail. Mais J'épargnerai les maisons marquées du sang. Vous garderez tout cela en mémoire et, d'âge en âge, vous le fêterez.»
Moïse appelle tous les Anciens de son peuple et leur répète ces paroles. Ils se prosternent, puis ils exécutent tout ce qui leur a été ordonné. À minuit, l'Éternel frappe tous les premiers-nés, du fils de Pharaon, qui doit lui succéder sur le trône, à celui du plus humble prisonnier et à tout premier-né du bétail.

Un immense cri de douleur s'élève dans la nuit. Pharaon fait appeler Moïse et Aaron et leur dit: «Partez! Sortez du milieu de mon peuple! Emmenez votre bétail, comme vous l'avez demandé, et allez! En retour, que votre Dieu nous épargne!»

Les Égyptiens pressent les Hébreux de partir car ils se disent: «Nous allons tous mourir!»
Le peuple de Moïse quitte la ville de Ramsès, dans le delta du Nil. Ils sont environ six cent mille, sans compter les enfants. Ils partent sans avoir le temps de faire des provisions.
Ils prennent la pâte qu'ils ont préparée et qui n'a pas eu le temps de lever et ils en font des galettes sans levain.
Ils quittent l'Égypte où ils s'étaient établis, à la suite de leur ancêtre Jacob, quatre cent trente ans plus tôt.
Moïse dit au peuple: «Cette nuit, la quatorzième du mois des épis, où l'Éternel nous fait sortir d'Égypte, est une nuit de veille que toutes les générations, d'âge en âge, respecteront, car elle appartient à Dieu. Pour que ce jour soit toujours dans vos mémoires, quand vous serez entrés dans le pays que Dieu vous a promis, vous observerez ces rites qu'Il vous prescrit: en ce mois des épis, sept jours durant, vous mangerez des pains sans levain.
Qui passerait outre à ce précepte serait retranché de notre peuple. Le septième jour sera jour de fête.
De génération en génération, vous observerez à sa date cette fête des pains sans levain en mémoire de ce jour.

Quand vos fils vous demanderont: "Pourquoi cela?" Vous leur répondrez: "C'est en ce jour que l'Éternel nous a fait sortir d'Égypte, par la force de Sa main."
En mémoire de ce jour, que tout premier-né mâle Lui soit consacré, qu'il soit homme ou bête.»

Ils quittent l'Égypte où ils s'étaient établis, quatre cent trente ans plus tôt.

Dieu entraîne les fugitifs vers le désert et la mer des Joncs. Il ne les conduit pas par la route qui longe la mer, bien qu'elle soit la plus directe, car elle est surveillée par les Égyptiens et des affrontements seraient inévitables. Moïse prend avec lui les ossements de Joseph, fidèle à la promesse que ses ancêtres avaient faite à ce patriarche qui les avait tous fait venir en Égypte.

Ils campent en bordure du désert. Dieu lui-même marche à leur tête, se dissimulant, le jour, sous la forme d'une colonne semblable à un nuage, pour les guider ; la nuit, sous la forme d'une colonne de feu, pour les éclairer. Ils peuvent ainsi avancer aussi bien le jour que la nuit.
Dieu indique à Moïse l'endroit où ils doivent camper, sur le rivage : « Pharaon pensera que vous vous êtes égarés, prisonniers du désert. J'endurcirai son cœur et il se lancera à votre poursuite. Mais ce que Je ferai alors prouvera à tous que c'est Moi le Seigneur ! »

Lorsque Pharaon apprend le départ des Hébreux, il regrette sa décision : « Qu'avons-nous fait ? Pourquoi les avons-nous laissés quitter notre service ? » Il se lance avec son armée sur la trace des fugitifs.
À leur vue, les Hébreux sont pris de panique. C'est comme si l'Égypte entière marchait derrière eux. Ils s'en prennent à Moïse : « Pourquoi nous as-tu fait sortir d'Égypte ? Tu aurais dû nous laisser servir les Égyptiens. Mieux vaut être esclaves en Égypte que morts au désert ! »

Mais Moïse les réconforte : « Ayez confiance. Vous pouvez dire adieu aux Égyptiens. Dieu nous a promis Son aide. C'est Lui qui combattra pour vous. »
Dieu s'adresse alors à Moïse : « Mettez-vous en route. Et toi, lève ton bâton, étends la main sur la mer et fends-la pour que ton peuple puisse passer à pied sec. Je vais endurcir le cœur des Égyptiens. Ils s'engageront dans la mer à votre poursuite et ils comprendront que Je suis le Seigneur ! »
La nuée qui précède les Hébreux passe à l'arrière et se tient entre eux et les Égyptiens. La nuit tombe, mais elle les éclaire, lumineuse d'un côté, ténébreuse de l'autre.

Moïse étend la main sur la mer et un fort vent d'est se lève qui refoule les eaux, les fend et met la mer à sec. Les Hébreux s'engagent par cette brèche, entre deux murailles d'eau.
Les cavaliers égyptiens pénètrent derrière eux dans le passage. À l'arrière des Hébreux, la nuée les maintient à distance. Alors que la nuit s'avance, elle enraye les roues de leurs chars, rendant leur conduite difficile.
Les Égyptiens comprennent que Dieu aide leurs adversaires, et ils décident de faire demi-tour.
Mais Dieu dit à Moïse: «Étends la main sur la mer, que les eaux reprennent leur place.»
Moïse étend la main sur les eaux et, à l'approche du jour, elles reviennent à leur place, recouvrant les chars égyptiens. De l'armée d'Égypte qui a pénétré dans la mer, il ne reste rien. Mais les fils d'Israël ont traversé à pied sec, la mer formant une muraille à leur droite et à leur gauche. Alors, ils reconnaissent que Dieu est l'Éternel et le Tout-Puissant, et ils croient en Lui et en Moïse, son prophète.

De l'armée d'Égypte il ne reste **rien**, mais les fils d'Israël sont passés **à pied sec.**

Tous entonnent un chant de louanges:
«Ma force et mon refuge, c'est l'Éternel.
Il est pour moi le salut.
C'est Lui mon Dieu, je Le chante;
Le Dieu de mon père, je Le glorifie…
Sous l'effet de Ta colère,
les eaux s'amoncellent,
Les flots se dressent tel un rempart,
les abîmes se figent au sein de la mer.»
Myriam, la sœur d'Aaron, prend son tambourin et toutes les femmes l'accompagnent en dansant:
«Chantez l'Éternel,
pour Sa gloire sans pareille.
Chevaux et cavaliers,
à la mer Il les a jetés!»

L'HISTOIRE DE MOÏSE
LA RENCONTRE AU MONT SINAÏ

«Qu'allons-nous boire ?»

Les Hébreux sont maintenant dans le désert. Voilà trois jours qu'ils marchent sans avoir trouvé un point d'eau lorsqu'ils atteignent une oasis. Hélas, l'eau y est tellement amère qu'elle est imbuvable. Alors ils se découragent et murmurent contre Moïse: «Qu'allons-nous boire ?» se plaignent-ils.
Moïse, lui, se tourne vers Dieu. Et Dieu lui indique un arbre d'une espèce particulière. Il jette un morceau de son écorce dans l'eau, et l'eau devient douce à boire.
Ils parviennent ensuite à Élim, où coulent douze sources à l'ombre de soixante-dix palmiers, et ils campent près de l'eau. Puis ils reprennent la route en direction du sud-est. Lorsqu'ils atteignent le désert de Sîn, cela fait un mois et demi qu'ils ont quitté l'Égypte.
Ils sont las et affamés et murmurent de nouveau contre Moïse et son frère Aaron: «Vous nous avez fait venir dans ce désert pour nous laisser tous mourir de faim ! En Égypte, au moins, nous avions à manger…»
Dieu rassure Moïse : «Du ciel, Je vais faire pleuvoir de la nourriture pour tout le monde, lui dit-Il. Chaque jour, le peuple recueillera ce dont il a besoin. Le sixième jour, il en trouvera le double des jours précédents. J'ai entendu ses murmures contre toi. Dis-lui que ce soir, au crépuscule, vous mangerez de la viande et, au matin, vous vous rassasierez de pain. Vous saurez ainsi que Je suis votre Dieu.»

Le soir venu, un nuage de cailles monte à l'horizon, et les oiseaux, épuisés, tombent un à un, jonchant bientôt le sol.
Le lendemain matin, le camp est couvert de rosée. Lorsqu'elle se lève apparaît sur le sol une fine couche cristalline, pareille au givre. Tous s'étonnent.
«C'est le pain que Dieu vous envoie, explique Moïse. Que chacun en ramasse selon ses besoins.»

Chaque matin, ils trouvent sur le sol leur nourriture, qui fond avec les premiers rayons du soleil. Le sixième jour, ils en recueillent le double.
«Conservez-en pour demain, leur dit Moïse, car demain est sabbat: c'est un jour de repos consacré au Seigneur.»
Le lendemain, quelques-uns sortent tout de même pour ramasser de la nourriture, mais rien n'est déposé sur le sol.
Dieu dit alors à Moïse:
«Jusqu'à quand allez-vous refuser de m'écouter? Si Je vous ai donné le sabbat, Je vous donne aussi, le sixième jour, de la nourriture pour deux jours. Que chacun demeure chez soi le septième jour.»

«C'est le pain que Dieu vous envoie. Que chacun en ramasse selon ses besoins.»

Le peuple se reposa donc le septième jour, comme Dieu s'était reposé après avoir créé le monde. À cette nourriture blanche, au goût de miel, semblable à la graine de coriandre, les Fils d'Israël donnèrent le nom de «manne», car en la découvrant ils s'étaient écriés : *«Mann hou ?»*, ce qui signifie «Qu'est-ce que c'est ?» en hébreu. Ils en remplirent un récipient qu'ils conservèrent pour montrer à leurs descendants comment Dieu les avait nourris dans le désert. Car, jusqu'à leur arrivée aux confins de la Terre promise, ils survivront grâce à la manne.
Quittant le désert de Sîn, ils parviennent dans le sud de la péninsule du Sinaï. Mais ils ne trouvent pas d'eau et ils s'en prennent à Moïse :
«Nous as-tu menés jusqu'ici pour nous laisser mourir de soif ? Dieu est-il ou non au milieu de nous ?»

Moïse est désemparé : «Que vais-je faire pour ce peuple ? Bientôt, ils me lapideront !»
Mais Dieu lui vient en aide :
«Avance avec quelques Anciens d'Israël, lui dit-Il ; prends le bâton avec lequel tu as frappé les eaux du Nil. Je me tiendrai là, sur ce rocher. Tu le frapperas et l'eau en jaillira.»
Moïse obéit et tout se passe comme Dieu l'a annoncé.
C'est alors que des tribus ennemies les assaillent. Moïse, au sommet d'une colline, son bâton à la main, suit les combats ; quand il lève la main, les Hébreux sont les plus forts, mais dès qu'il baisse le bras, c'est leur ennemi, Amalek, qui reprend le dessus. Bientôt, Moïse se fatigue et ses mains se font lourdes, il n'a plus la force de les lever. Vite, on le fait asseoir, tandis que deux hommes lui soutiennent les bras. Ainsi jusqu'au coucher du soleil, où les Fils d'Israël repoussent enfin leurs attaquants.
Le troisième mois après leur départ d'Égypte, ils arrivent dans le désert du Sinaï et campent face à la montagne de Dieu.

Quand Moïse, au sommet d'une colline, lève la main, les Hébreux sont les plus forts.

De la montagne, Dieu appelle Moïse, et Moïse monte vers Lui. Dieu lui dit:
«Répète ces paroles aux Fils d'Israël. Dis-leur: "Vous avez vu comment Je vous ai délivrés des Égyptiens, puis amenés jusqu'à Moi comme l'aigle porte ses petits sur ses ailes. Maintenant, si vous entendez Ma voix et si vous me restez fidèles, vous serez Mon peuple parmi tous les peuples."»
Moïse répète ces paroles aux Anciens. D'une seule voix, le peuple répond: «Tout ce que Dieu a dit, nous le ferons!»
Dieu dit alors à Moïse: «Je vais venir jusqu'à toi, dissimulé dans un épais nuage. Tous entendront quand Je te parlerai afin qu'ils croient en toi. Purifie-les. Qu'ils lavent leurs manteaux et se tiennent prêts car, dans trois jours, Je descendrai sur le mont Sinaï et me montrerai à leurs yeux dans une nuée. Fixe-leur des limites afin qu'ils ne montent pas sur la montagne, car l'homme ne peut me voir sans mourir.»

Au matin du troisième jour, une nuée épaisse apparaît sur la montagne, accompagnée d'éclairs et de tonnerre tandis que résonne le son d'un cor.
Le peuple, rassemblé, tremble de frayeur. Moïse le fait s'avancer à la rencontre de Dieu, jusqu'au pied de la montagne. De la fumée monte de celle-ci, comme si elle était en flammes, car c'est dans le feu que Dieu est descendu.
La montagne entière tremble. Le son du cor s'amplifie. Moïse parle et Dieu lui répond.

Du sommet du Sinaï, Dieu appelle Moïse et Moïse monte vers Lui, ainsi qu'Aaron. Dieu prononce alors ces paroles : «Je suis l'Éternel, ton Dieu, qui t'ai fait sortir d'Égypte et de l'esclavage. Tu n'auras pas d'autres dieux que Moi. Tu ne te feras pas d'idole ni d'image de ce qui est dans le ciel, sur terre ou dans les eaux.

Tu n'invoqueras pas le Nom de Dieu à la légère.
Tiens pour sacré le jour du sabbat : travaille six jours et consacre le septième à Dieu, car Lui-même a fait le ciel, la terre, la mer et tout ce qu'ils contiennent en six jours, puis Il s'est reposé le septième jour.
Honore ton père et ta mère.
Ne commets pas de meurtre.
Ne sois pas infidèle à ton conjoint.
Ne fais pas de faux témoignages.
Ne convoite pas le bien d'autrui.»
Le peuple entend le tonnerre et le son du cor, il voit le feu et la fumée qui s'élève de la montagne. Il tremble et se tient à distance. Moïse, lui, est allé vers la nuit épaisse où se tient l'Éternel.
Et la voix divine, longuement, lui expose toutes les règles qu'ils auront à respecter, s'ils veulent vivre selon les lois de Dieu et faire alliance avec Lui.
Revenu parmi les siens, Moïse écrit tout ce qu'il a entendu. Le lendemain, il érige un autel au pied de la montagne, ainsi que douze stèles, une pour chacune des tribus d'Israël. Il offre de jeunes taureaux en sacrifice, puis il répand sur l'autel une partie du sang. Prenant ensuite le livre où il a consigné toutes les paroles de Dieu, il en fait la lecture aux Fils d'Israël.

« Tout ce que Dieu a dit, nous le ferons », déclarent-ils, unanimes.
Moïse les asperge alors du sang du sacrifice en disant : « Voici le sang qui scelle l'Alliance que l'Éternel a conclue avec vous par ces paroles. »

Répondant à l'appel de Dieu, Moïse et Aaron gravissent de nouveau la montagne, accompagnés de deux fils d'Aaron et de soixante-dix Anciens du peuple. Alors le Dieu d'Israël se révèle à eux : Il se tient sur une surface plane qui a la couleur du saphir et la transparence du ciel. Ils contemplent cette vision divine sans que la vie leur soit ôtée.
Dieu dit à Moïse :
« Monte vers Moi. Je te donnerai les tables de pierre où J'ai écrit la Loi et les préceptes qui serviront à instruire le peuple. »

Moïse se met en route, avec Josué, son disciple, et s'avance vers la montagne enveloppée par le nuage.
Six jours durant, la gloire de Dieu demeure sur la montagne. C'est comme un feu qui embrase le sommet, aux yeux de tout le peuple.
Le septième jour, du milieu de la nuée, Dieu appelle Moïse. Celui-ci pénètre dans le nuage et gagne le sommet.
Il demeurera sur la montagne quarante jours et quarante nuits.

Moïse se met en route, avec Josué, son disciple.

Dieu lui adresse ces paroles : « Dis aux Fils d'Israël de me bâtir un sanctuaire, afin que Je réside au milieu d'eux. Qu'ils construisent un coffre en bois d'acacia, long d'un mètre quinze ; que sa largeur et sa hauteur soient de soixante-dix centimètres. Tu le recouvriras d'or pur, à l'extérieur et à l'intérieur. Tu fixeras deux anneaux d'or de chaque côté, dans lesquels seront introduites des barres qui serviront à le transporter. Dans cette Arche seront placées les tables de la Loi que Je te donnerai. Sur le couvercle seront sculptés deux chérubins en or, qui la protégeront de leurs ailes déployées. »

Dieu indique ensuite à Moïse comment fabriquer tous les éléments nécessaires au culte: la table où seront déposées les offrandes, le chandelier, l'autel du sacrifice, l'autel du parfum, la cuve pour les libations, l'huile à onction, les essences parfumées... Mais aussi les tapisseries qui, attachées ensemble, formeront la Demeure où sera placée l'Arche; et celles qui feront une tente au-dessus de la Demeure...
Il désigne comme prêtres Aaron et ses fils et décrit avec précision la forme et la couleur que devront avoir leurs vêtements, ainsi que la façon dont ils seront consacrés à leur fonction. Puis Dieu remet à Moïse les tables où ses lois et prescriptions sont consignées, deux tables de pierre écrites du doigt de Dieu.

Pendant ce temps, le peuple, ne voyant pas Moïse redescendre, se rassemble autour d'Aaron et lui dit: «Fais-nous un dieu qui marche à notre tête, car ce Moïse, l'homme qui nous a fait sortir d'Égypte, nous ne savons pas ce qu'il est devenu.
– Enlevez les boucles d'or de vos oreilles et apportez-les-moi», leur répond Aaron. Avec cet or, il façonne une statue de veau

et la remet aux Fils d'Israël: «Voici votre dieu, celui qui vous a fait sortir d'Égypte.» Et tous lui offrent des sacrifices et se réjouissent en son honneur.
Dieu dit alors à Moïse: «Va rejoindre ton peuple, car il s'est corrompu. Il a vite fait d'abandonner la voie que Je lui ai tracée. Il s'est fabriqué une statue de veau; il se prosterne devant elle et lui offre des sacrifices.
C'est un peuple à la nuque raide: indocile et récalcitrant. Que ma colère s'enflamme contre lui! Je vais le faire disparaître, mais de toi, Je ferai une grande nation.

Mais Moïse s'interpose: «Pourquoi t'irriter contre ce peuple que, par ta puissance, tu as fait sortir d'Égypte? Les Égyptiens diraient: "C'est donc pour les faire périr qu'Il les a emmenés dans le désert!" Renonce à ta colère! Souviens-toi d'Abraham, d'Isaac et de Jacob, nos pères, à qui Tu as promis de multiplier leur descendance comme les étoiles au ciel.»
L'Éternel consent alors à s'apaiser.

Moïse redescend de la montagne, portant les tables de la Loi, œuvre de Dieu, gravées sur leurs deux faces de caractères divins.

Au fur et à mesure qu'il avance, Moïse perçoit des chants, qui lui semblent être des cantiques, puis il voit le veau d'or et le peuple, tout autour, qui danse. La colère l'emporte : il jette à terre les tables, qui se brisent au pied de la montagne. Puis, il saisit le veau d'or et le lance dans le feu; quand il est calciné, il le réduit en fine poussière et la mélange à de l'eau qu'il fait boire aux Fils d'Israël.

Il saisit le veau d'or et le lance dans le feu.

Voyant que le peuple est livré à lui-même, abandonné par Aaron, Moïse se poste à l'entrée du camp et appelle à lui ceux qui sont restés fidèles à Dieu. Tous ceux de la tribu de Lévi le rejoignent. Il leur dit : «Prenez votre épée, et vengez le Seigneur de l'affront qui lui a été fait.»
Ce jour-là, trois mille hommes environ périrent.
Le lendemain, Moïse dit au peuple : «Vous avez commis un grand péché. Je vais retourner près de Dieu, sur la montagne, pour essayer d'obtenir son pardon.»

« Taille deux tables de pierre, pareilles à celles que tu as brisées. »

Moïse remonte vers Dieu et lui dit: «Leur péché est grand: ils se sont fabriqué un dieu en or. Pourtant, si Tu pouvais leur pardonner… Sinon, efface-moi du livre où Tu inscris les noms des justes !
– C'est celui qui a péché que J'effacerai de mon livre. Le peuple devra me rendre compte de ce péché.»
Dieu dit encore à Moïse:
«Va ! Conduis le peuple au pays que J'ai promis à Abraham, à Isaac et à Jacob de donner à leur descendance. J'enverrai un Ange qui marchera devant vous et qui chassera les occupants de ce pays où ruissellent le lait et le miel. Dis aux enfants d'Israël: "Vous êtes un peuple à la nuque raide. Je ne m'avancerai pas au milieu de vous, car alors Je vous anéantirais. Renoncez à vos parures et Je verrai ce que Je dois faire."»

A partir de ce moment, le peuple enleva parures et habits de fête. Moïse, encore une fois, supplie Dieu: «Si Tu ne marches pas avec nous, lui dit-il, ne nous fais pas partir d'ici. Sinon, comment Ton peuple se distinguera-t-il des autres peuples ?
– Ce que tu me demandes Je le ferai, lui répond Dieu, car tu as trouvé grâce à Mes yeux.»
Puis Il ajoute:
«Taille deux tables de pierre, pareilles à celles que tu as brisées. J'y inscrirai les paroles écrites sur les premières. Demain, à l'aube, monte vers Moi, au sommet du Sinaï. Que personne d'autre ne gravisse cette montagne, pas même le bétail.»

Le lendemain, de bon matin, Moïse gravit la montagne. Dieu descend dans la nuée, et se tient près de lui. «Je vais conclure une alliance avec vous, lui dit-Il. Je réaliserai aux yeux du peuple des prodiges comme jamais il n'y en eut sur terre.»
Et Moïse passa quarante jours et quarante nuits avec Dieu, sans manger ni boire. Et Dieu écrivit sur les tables les dix Paroles, appelées aussi les dix Commandements, ainsi que le code de l'Alliance.

Lorsque Moïse redescend du mont Sinaï, il ne sait pas que son visage porte le reflet de la gloire divine. Les Fils d'Israël voient cette lumière et n'osent l'approcher. Mais Moïse les appelle et leur transmet les paroles qu'il a reçues.
Puis il place sur son visage un voile, qu'il n'enlèvera que pour s'entretenir avec Dieu.

Toute la communauté des Fils d'Israël s'empresse de mettre en pratique les paroles de l'Éternel. Ils prélèvent sur leurs biens or, argent, cuivre, étoffes de pourpre, de lin, de poils de chèvres, peaux de béliers, huiles et aromates, pierres précieuses… Tout ce qui est nécessaire à la fabrication de la Demeure de Dieu et des vêtements sacrés, et au service divin.
Moïse recrute les meilleurs artisans, ceux que l'Éternel lui a indiqués parce qu'Il a mis en eux le talent, la sagesse et l'intelligence.
Quand ils ont terminé, ils apportent

à Moïse la Demeure et la Tente, l'Arche, le mobilier, les instruments du culte et les vêtements des prêtres.

Moïse constate que tout a été fait exactement comme Dieu l'a demandé, et il les bénit. Suivant, lui aussi, la volonté divine, il érige la Demeure le premier jour de la deuxième année après leur départ d'Égypte. Au-dessus d'elle, il étend la Tente. Puis il dépose les Tables à l'intérieur de l'Arche, introduit celle-ci dans la Demeure, et suspend le voile qui l'abritera.
Il dispose autels, table d'offrandes, candélabre, cuve à ablutions…
Il installe le parvis tout autour et pose le rideau à la porte.

Alors la nuée enveloppa la Tente et la gloire de Dieu emplit la Demeure.

Alors la nuée enveloppa la Tente et la gloire de Dieu emplit la Demeure.
Lorsque la nuée s'élevait au-dessus de la Demeure, le peuple poursuivait sa route. Si elle ne se retirait pas, il ne se déplaçait pas.
La nuée de Dieu couvrait la Demeure le jour mais, la nuit, un feu y brûlait.
Il en fut ainsi aux yeux de tous, durant toutes les étapes de leurs pérégrinations à travers le désert.
Et Dieu multiplia celles-ci afin de mettre son peuple à l'épreuve et d'affermir sa foi. Jusqu'à la construction du Temple de Jérusalem par Salomon, quelque trois cents ans plus tard, la Demeure restera le signe de la présence de Dieu parmi son peuple.

Quant à Moïse, arrivé au pays de Moab, il monta sur le mont Nébo, et l'Éternel lui montra toute la région qui s'étend jusqu'à la Méditerranée: «Voilà le pays que Je vous ai promis. Mais toi, tu n'y entreras pas.»

Et Moïse mourut. Dieu Lui-même l'enterra au pays de Moab. Personne ne connut jamais son tombeau.
Il avait cent vingt ans, mais sa vitalité ne l'avait pas quitté. C'est Josué, son disciple, qui fera entrer le peuple hébreu en Terre promise.
La traversée du désert aura duré quarante ans.

L'HISTOIRE DE DAVID ET GOLIATH

C'était un peu plus de dix siècles avant notre ère. À cette époque, Saül régnait sur le royaume d'Israël. Deux cents ans plus tôt, environ, quand les Hébreux s'étaient installés au pays de Canaan, après leur libération d'Égypte, ils s'étaient partagé le territoire. Ils l'avaient divisé en douze, car ils formaient douze tribus issues des douze fils de Jacob.

Or Jacob avait reçu de Dieu le nom d'Israël; le pays de Canaan était donc devenu le pays des fils d'Israël.

Dieu Lui-même leur avait choisi Saül comme roi pour les conduire et les protéger en Son Nom. Mais Saül ne lui avait pas obéi et Dieu avait décidé de lui enlever cette royauté qu'il ne méritait plus. Il en avait informé son prophète, Samuel. C'est à lui qu'Il faisait connaître Sa volonté, le chargeant de la transmettre ensuite aux hommes.

Ce jour-là, il le secoue un peu:

«Jusqu'à quand vas-tu rester à pleurer sur le sort de Saül? Pour moi, il n'est plus roi d'Israël. Emplis ta corne d'huile sacrée et va chez Jessé, à Bethléem. Le roi qu'il me faut, Je l'ai trouvé parmi ses fils.»

En ce temps-là, pour devenir roi ou grand prêtre, il fallait recevoir l'onction sacrée: on versait de l'huile sur la tête de l'élu, qui devenait ainsi l'Oint de Dieu, son Messie, celui que Dieu avait consacré, chargé d'une mission divine.

Samuel est perplexe:

«Si Saül apprend cela, il me tuera!

– Prends avec toi une génisse, lui conseille Dieu, et tu diras que tu viens m'offrir un sacrifice.»

À son arrivée à Bethléem, Samuel est accueilli par les Anciens, qui gouvernent la ville. Ils sont venus à sa rencontre en tremblant: Samuel n'est pas seulement un prophète renommé, il est aussi un juge éminent, celui qui a dirigé le pays avant l'élection de Saül.

Que vient-il leur annoncer ? Ont-ils fait quelque chose de mal et irrité Dieu ?
Il les rassure aussitôt :
« Je viens pour offrir un sacrifice au Seigneur. Purifiez-vous et venez vous joindre à moi. »
Il invite également Jessé et ses fils.
Dès qu'il aperçoit l'aîné, Éliav, Samuel est conquis : « C'est certainement lui que Dieu a choisi. »
Mais Dieu le met en garde :
« Ne juge donc pas sur la taille et la prestance. Ce n'est pas ce qui m'intéresse. Les hommes voient ce qui accroche leur regard, mais moi je vois le cœur. »
Les sept fils de Jessé défilent devant Samuel, qui n'en reconnaît aucun comme l'élu de Dieu.
« Tes fils sont-ils tous là ? demande-t-il à Jessé.
– Il ne manque que le plus jeune, David. Il fait paître le troupeau.
– Envoie-le chercher », insiste Samuel.
Jessé le fait venir. C'est un tout jeune homme au teint clair et à l'aspect agréable. Il a les cheveux roux et un beau regard, vif et profond.

Dieu murmure à Samuel :
« Lève-toi, donne-lui l'onction, c'est lui. »
Samuel verse l'huile sainte sur la tête de David, entouré de ses frères.
À partir de cet instant, l'Esprit de Dieu fut sur le jeune garçon, comme une protection et un gage de sa future royauté.
Samuel, sa mission accomplie, reprend la route.
Quant à Saül, l'Esprit de Dieu s'est retiré de lui et un esprit mauvais le tourmente. Des angoisses l'assaillent sans cesse et le plongent tour à tour dans une grande agitation et une profonde tristesse.
« Si tu avais près de toi un homme qui sache jouer de la flûte ou de la cithare, il te ferait du bien », lui suggèrent ses serviteurs.

« Lève-toi, donne-lui l'onction, c'est lui. »

Saül s'incline:
«Va et que le Seigneur soit avec toi.»
Il revêt David de ses propres vêtements, de sa cuirasse, de son casque de bronze et lui donne son épée. David tente de faire quelques pas, mais en vain. Il se débarrasse de ce harnachement, prend son bâton, choisit dans le torrent cinq pierres bien lisses et les met dans sa sacoche de berger.

La fronde à la main, il avance vers le géant.

Puis, la fronde à la main, il avance vers le géant. Goliath lui aussi s'approche.
Quand il voit à qui il a affaire, il ne cache pas son mépris :
«Est-ce que je suis un chien pour que tu viennes me combattre avec un bâton? Allez, avance! que je donne ta chair à becqueter aux oiseaux et qu'elle nourrisse les bêtes sauvages!»
David ne se laisse pas intimider:
«Tu te bats avec une épée, une lance et un javelot, mais moi je t'affronte au nom du Dieu d'Israël.
Aujourd'hui même, je vais te tuer, te décapiter et donner ton cadavre et ceux des guerriers philistins à manger aux oiseaux du ciel et aux bêtes des champs. Toute la terre saura qu'il y a un Dieu pour Israël.

Voyant que leur héros est mort, les Philistins prennent la fuite.

C'est Lui le maître de la guerre, mais ce n'est pas avec l'épée ni avec la lance qu'Il donne la victoire.»
Alors que Goliath s'ébranle pour affronter David, celui-ci court se placer, attrape vivement une pierre dans son sac, la lance avec sa fronde et touche le Philistin au front. Le géant tombe, la face contre terre. David l'a tué, sans épée.
Il court près de son adversaire, lui prend son épée, qu'il tire du fourreau, et lui tranche la tête. Puis il revient vers Saül, son trophée à la main. Voyant que leur héros est mort, les Philistins prennent la fuite.

Les guerriers d'Israël poussent le cri de guerre et se lancent à leur poursuite. Les cadavres des Philistins gisent bientôt sur des kilomètres et jonchent la route jusqu'à leurs villes de Gath et d'Éqrôn.
L'armée d'Israël revient ensuite piller le camp abandonné de ses ennemis. Sur le chemin du retour, dans chaque ville qu'ils traversent, les femmes viennent à leur rencontre, dansant au son des tambourins et des sistres, et chantant:
«Saül en a battu des mille et David des myriades.»

Saül est furieux:
«On lui attribue des myriades et à moi seulement des mille. Il ne lui manque plus que la royauté!»
Dès ce moment, la jalousie monte en lui. Le lendemain, l'esprit mauvais s'empare de Saül. Alors que David joue de la cithare, il tente à deux reprises de le tuer en jetant sa lance sur lui. Par deux fois, David l'évite.

Saül est fou de jalousie.

Saül comprend que Dieu protège le jeune homme mais qu'Il l'a abandonné, lui, et il prend peur.
Il lui faut éloigner au plus vite ce rival. Il lui confie des expéditions militaires, à la tête de son armée, mais David en revient toujours victorieux.
Son nom est devenu illustre et le peuple entier l'acclame.
Saül est fou de jalousie. Il ne parvient même pas à l'empêcher d'épouser sa fille Mikal, David triomphe de tous les obstacles. Saül n'a plus qu'une idée: le faire mourir.
David s'enfuit dans les montagnes de Judée, où de nombreuses grottes lui permettent de se cacher.
Saül continue de le poursuivre, l'obligeant même à se réfugier chez des peuples voisins.
Abandonné par Dieu, submergé par ses angoisses, Saül finit par perdre son ardeur au combat. Lors d'une bataille contre les Philistins, sur le mont Guilboa, ses trois fils périssent, son armée est anéantie, et lui se donne la mort.

A cette nouvelle, David pleure et compose un poème à sa mémoire: «Montagnes de Guilboa, ne recevez ni rosée ni pluie, ne vous couvrez plus de champs féconds!
Car là furent maculés les boucliers des héros…»
Puis il se rend à Hébron, au sud de Jérusalem, où le grand prêtre l'oint roi de la tribu de Juda. Un fils de Saül gouverne les tribus du Nord. Mais bientôt, celles-ci se rallient à David, qui règne désormais sur les douze tribus d'Israël.
David a trente ans. Il reste sept ans à Hébron, puis il entreprend de se construire une capitale. Il conquiert Urushalim, «la ville du dieu Salem», alors aux mains des Jébuséens, et transforme son nom en Yérushalayïm, «la ville de la paix», qui deviendra Jérusalem.
Selon la coutume, il eut plusieurs femmes et de nombreux enfants, mais son épouse préférée fut la belle Bethsabée.

David régna quarante années et fut un roi prestigieux. Il composa de nombreux poèmes, les Psaumes, qui étaient chantés lors des cérémonies religieuses. Mais il ne put réaliser son grand rêve: construire un temple à Dieu. Celui-ci ne le permit pas car David était un homme de guerre.

Cet honneur reviendra à son fils Salomon, qui lui succédera et qui incarnera la paix et la sagesse.

David régna quarante années et fut un roi prestigieux.

L'HISTOIRE DE SALOMON

Lorsque le roi David se fit vieux, il convoqua le prêtre Sadoq et le prophète Natan, qui était, auprès de lui, un porte-parole de Dieu, et il leur dit: «Prenez avec vous mes serviteurs, faites monter Salomon sur ma propre mule et menez-le à la source du Gihôn. Là, vous le sacrerez roi et il viendra s'asseoir sur mon trône, car c'est lui qui régnera à ma place.»

«Faites monter Salomon sur ma propre mule et menez-le à la source du Gihôn.»

Le prêtre Sadoq, le prophète Natan et la garde du roi installent Salomon sur la monture royale, la propre mule de David, et ils le mènent dans la vallée du Cédron, à la source du Gihôn qui jaillit sur le flanc est de la colline de Jérusalem.

Le prêtre fait à Salomon l'onction qui le sacre roi: il prend la corne de bélier contenant l'huile sainte et il verse de cette huile sur la tête de Salomon, selon les rites, marquant ainsi qu'il a été élu par Dieu pour être son représentant auprès du peuple et gouverner selon ses lois.

Puis ils sonnent du cor et s'écrient: «Vive le roi Salomon!»

Tandis qu'ils remontent vers la cité de David, le peuple se joint à eux, jouant de la flûte et manifestant une telle joie que la terre semble se fendre sous les cris d'allégresse.

David sent que sa fin est proche. Il appelle Salomon et lui fait ses ultimes recommandations:
«Je vais où va tout ce qui est terrestre. Sois courageux, conduis-toi en homme! Observe toujours la Loi de Dieu, marche dans le chemin qu'Il nous a tracé et tu réussiras dans tout ce que tu feras. N'oublie pas que c'est toi que Dieu a choisi pour Lui bâtir un sanctuaire!»
Puis David s'endort avec ses pères, rassasié de jours, de richesses et de gloire. Il est mis au tombeau dans la cité qui porte son nom, après un règne de quarante années.
Nous sommes alors vers l'an 970 avant notre ère.

«Dis-moi, que désires-tu que Je te donne?
– Seigneur, lui répond Salomon, Tu m'as placé sur le trône de mon père, moi qui suis jeune et sans expérience. Il Te faudra me donner l'intelligence pour gouverner Ton peuple, qui est immense, et pour discerner le bien du mal.»
Cette réponse plaît à Dieu, qui lui dit:
«Tu ne Me demandes pas une longue vie ni la richesse ni la mort de tes ennemis, mais tu veux gouverner avec droiture. Eh bien, ta sagesse et ta perspicacité seront telles qu'aucun homme ne t'égalera. Ce que tu ne M'as pas demandé, Je te le donne aussi: la richesse et la gloire, qui surpasseront celles de tous les rois. Et si, à l'exemple de ton père David, tu marches selon Mes lois, ta vie sera longue.»

«Si tu marches selon Mes **lois**, ta vie sera longue.»

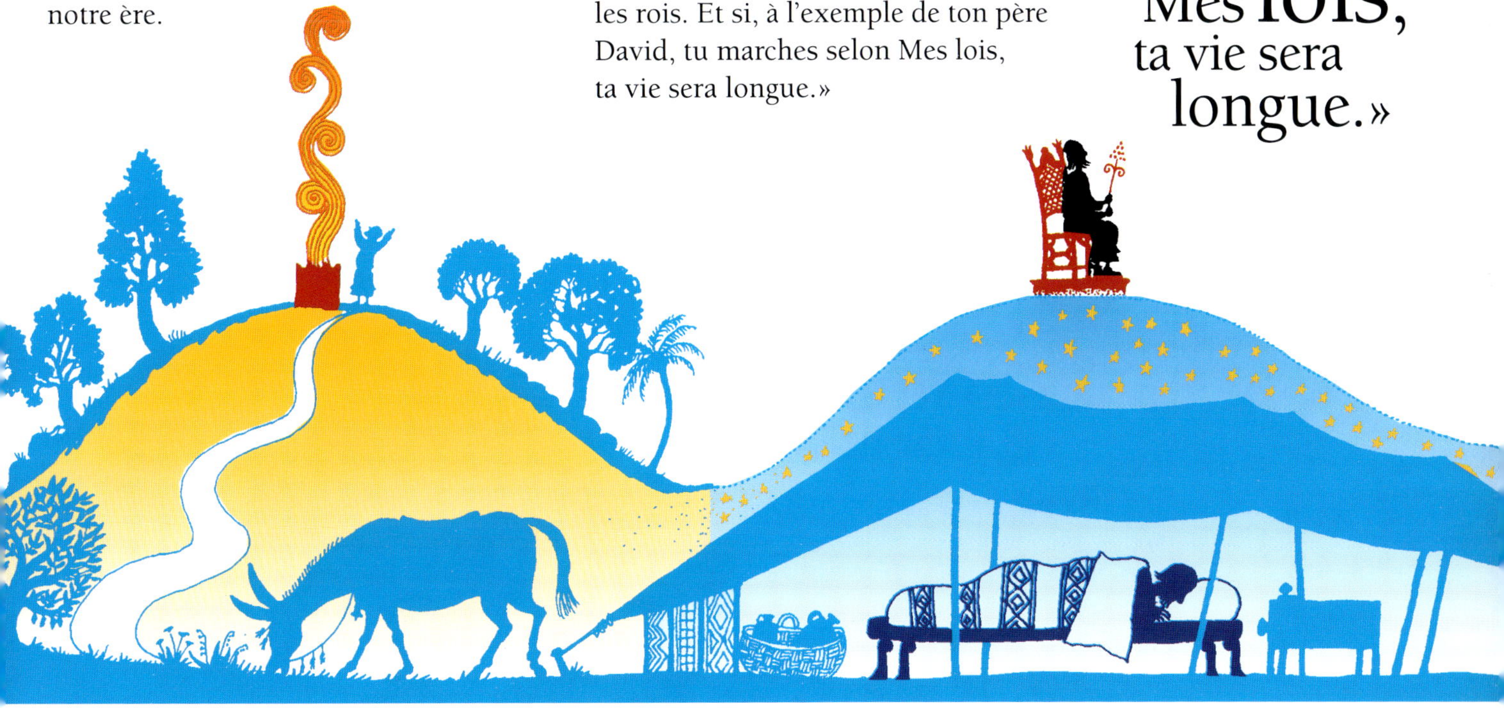

Dieu n'avait pas encore de Temple qui lui fût consacré. Pour lui rendre un culte, la coutume était de choisir des endroits élevés, collines ou montagnes. C'est ainsi que Salomon se rend à Gabaon, un de ces hauts lieux, situé à une dizaine de kilomètres de Jérusalem, pour offrir à Dieu des sacrifices et brûler de l'encens en son honneur.
Et Dieu, une nuit, s'adresse à lui dans un rêve:

A son réveil, Salomon reprend la route de Jérusalem et se rend dans la tente qui abrite l'Arche, où est placée la Loi que Dieu a révélée à Moïse. Il se tient dans cet espace sacré, en présence de Dieu. Puis il offre des sacrifices et convie tous ses serviteurs à un banquet.

«Coupez en deux l'enfant qui est en vie, et donnez-en une moitié à chacune!»

Peu de temps après, deux femmes de mauvaise réputation, un enfant dans les bras, se présentent devant le roi. L'une d'elles prend la parole: «Écoute-moi, Seigneur! J'habite dans la même maison que cette femme. Elle était présente quand j'ai mis au monde un enfant. Trois jours plus tard, elle a accouché à son tour. Mais son enfant est mort et, pendant que je dormais, elle a pris mon bébé près d'elle et elle a mis à la place le sien, qui était mort. Quand, au matin, j'ai voulu l'allaiter, j'ai bien vu que ce n'était pas le mien!
– Pas du tout! crie l'autre femme, mon enfant est vivant, c'est le tien qui est mort!
– Non! c'est le tien!
– Non! Mon fils est celui qui est vivant, c'est le tien qui est mort!
– Que l'on me donne une épée, dit soudain Salomon.»
Un serviteur apporte une épée.
Les femmes se sont tues.
«Coupez en deux l'enfant qui est en vie, et donnez-en une moitié à chacune!» ordonne le roi.
La mère de l'enfant vivant s'écrie: «Je t'en prie, mon Seigneur, donne-lui l'enfant, mais qu'on ne le tue pas!» Tandis que l'autre femme triomphe: «Il ne sera ni à toi, ni à moi, partagez-le!
– Que l'on donne l'enfant à la première. Ne le tuez pas. C'est elle la mère», déclare alors le roi.
Ce jugement est bientôt connu dans tout le royaume, et chacun reconnaît qu'une sagesse divine inspire le roi lorsqu'il rend la justice.

«C'est à moi qu'il revient de bâtir la Maison du Seigneur.»

Salomon règne sur tous les royaumes qui s'étendent de l'Euphrate, en Mésopotamie, à la Méditerranée et jusqu'à la frontière d'Égypte. Tous ces peuples lui paient un impôt et il est en paix avec tous.
Le temps lui semble donc propice à la réalisation du grand projet de son père David. Aussi envoie-t-il un message à Hiram, le roi de Tyr, la grande cité phénicienne.
«Tu sais, lui dit-il, que mon père, qui était pour toi un ami, n'a pu réaliser son grand rêve: construire un Temple à Dieu. Cela parce qu'il a passé sa vie en guerre contre les nombreux ennemis qui le harcelaient. C'est à moi qu'il revient de bâtir la Maison du Seigneur, comme Dieu lui-même le lui a annoncé: “Tu ne construiras pas ma Maison, lui a-t-il dit, car tu as versé beaucoup de sang. Ton fils sera, lui, un homme de paix, et Salomon – qui signifie paix – sera son nom; Je donnerai le repos à Israël durant tout son règne. C'est lui qui construira le Temple.” Ordonne donc d'abattre des cèdres du Liban. Mes serviteurs se joindront aux tiens et je les paierai tous selon le prix que tu me fixeras, car il n'y a pas plus habile que vous dans ce travail.»

Ces paroles réjouissent Hiram qui répond à Salomon: «Tu auras tout le bois de cèdre et de cyprès que tu désires. Nous l'acheminerons du mont Liban jusqu'à la mer et nous le conduirons, par flottage, jusqu'à l'endroit que tu nous indiqueras. En échange, tu assureras le ravitaillement de ma maison.»

L'accord est conclu. Salomon mobilise trente mille hommes: dix mille iront chaque mois, à tour de rôle, au mont Liban, de sorte qu'ils ne seront loin de chez eux qu'un mois sur trois. Il emploie aussi quatre-vingt mille hommes pour extraire d'énormes blocs de pierre de la montagne et soixante-dix mille autres pour les transporter, car il veut que les fondations de la Maison de Dieu soient en pierre de taille.

Quatre cent quatre-vingts ans après que Moïse a fait sortir d'Égypte le peuple d'Israël, et dans la quatrième année de son règne, Salomon commence la construction du Temple de Dieu, sur le mont Moriah, à Jérusalem, selon les plans et les instructions laissés par son père David.

L'édifice est grandiose. Long de trente mètres, large de dix, d'une hauteur de douze mètres, il est entièrement plaqué d'or fin. Sa toiture est en cèdre ainsi que le revêtement intérieur des murs, fait de boiseries sculptées qui dissimulent la pierre.

Un vestibule mène à une grande salle, réservée au culte, suivie d'une arrière-chambre, appelée le Saint des Saints: c'est là le cœur du sanctuaire, le lieu le plus sacré; au centre, deux chérubins en bois d'olivier sauvage plaqué d'or y déploient leurs ailes.

David avait amassé beaucoup de richesses – or, argent, métaux et pierres précieuses – destinées au Temple. Les anciens du peuple, les chefs de famille et les proches du roi avaient, eux aussi, fait de nombreux dons afin d'offrir à Dieu toutes ces richesses que Lui-même leur avait données.

Salomon avait fait venir de Tyr un artisan d'une grande habileté dans le travail du bois, de la pierre et de tous les métaux. C'est lui qui fut chargé de façonner et sculpter les colonnes et les chapiteaux, ainsi que le vaste récipient, appelé la «mer», qui pouvait contenir quatre-vingt mille litres d'eau destinée aux rites de purification. Il fabriqua, en or, les objets nécessaires au culte: l'autel, la table pour les pains d'offrande, les chandeliers...

Durant la onzième année de son règne, Salomon termine la construction du Temple. Il l'a bâti en sept ans et sept mois.
Lorsque le temps des récoltes arrive, au septième mois de l'année, Salomon fait transférer l'Arche, de la tente de toile au Temple.
Devant tous les hommes d'Israël rassemblés, les prêtres la portent jusqu'au Saint des Saints, le lieu sacré, où ils la placent sous les chérubins aux ailes déployées. Cette Arche contient ce que le peuple d'Israël possède de plus précieux: les deux tables de pierre sur lesquelles est gravée la Loi que Dieu donna à Moïse au mont Sinaï, en signe de Son alliance avec son peuple.
Les prêtres sont à peine sortis du lieu saint qu'une nuée envahit le Temple: chacun y voit la manifestation de la présence de Dieu.
Debout face à l'autel et les mains levées vers le ciel, Salomon prie:
«Dieu d'Israël, il n'y a pas de Dieu pareil à Toi! Tu tiens Tes promesses envers Tes serviteurs qui marchent avec Toi de tout leur cœur. Maintenant, écoute cette prière: que Tes yeux soient ouverts jour et nuit sur cette Maison! Du ciel, où Tu habites, écoute et pardonne! Quand Ton peuple aura péché contre Toi – car tout homme pèche –, et que Tu l'auras livré à ses ennemis qui l'emmèneront captif, s'il se repent et t'implore, écoute sa prière et pardonne! Pardonne toutes ses révoltes! Écoute-le toutes les fois qu'il criera vers Toi!»
Puis Salomon se relève, bénit le peuple et l'exhorte à rester fidèle à son Dieu.

Salomon fait transférer l'Arche, de la tente de toile au Temple.

Près du Temple, Salomon construit un palais royal. Les nombreuses colonnes en cèdre qui ornent les salles et les vestibules lui vaudront le nom de «maison de la forêt du Liban».
Le cèdre recouvre aussi entièrement le sol de la salle du trône, où le roi rend la justice.
La demeure personnelle du roi ainsi que celle de son épouse, la fille du pharaon d'Égypte, sont faites sur le même modèle que le palais, tout en pierre de taille et en cèdre du Liban.
Il a fallu vingt ans à Salomon pour construire la Maison de Dieu et le palais royal. Quand tout est terminé, Dieu s'adresse à lui, une nuit, dans un rêve: «Mes yeux sont ouverts et Mes oreilles attentives aux prières faites dans cette Maison que tu M'as bâtie. Mais si vous abandonnez Mes lois, si vous vous prosternez devant d'autres dieux, alors Je vous arracherai à cette terre que Je vous ai donnée et Je rejetterai cette Maison. Israël deviendra la risée de tous les peuples.»
Salomon gouverne avec autorité et habileté. Son rayonnement est immense, tant par sa puissance que par ses richesses et la splendeur de sa capitale, Jérusalem. Il reconstruit de nombreuses villes dans tous les pays qui sont sous son autorité; il commerce dans toute la Méditerranée et ses navires reviennent chargés d'or et de matières précieuses.
Mais surtout, sa sagesse surpasse celle, pourtant légendaire, des sages de Mésopotamie et d'Égypte.
Ses connaissances sont immenses. Non seulement il compose des proverbes, des chants, mais il sait parler des arbres, des plantes, des animaux de toutes espèces.

Salomon gouverne avec autorité et habileté.

De partout, on vient le voir, tant est grande sa renommée. Celle-ci parvient jusqu'au sud de l'Arabie, où la reine de Saba, intriguée, décide de faire le voyage jusqu'à Jérusalem pour tester ce roi si brillant en lui posant quelques énigmes. Elle arrive à Jérusalem avec un cortège des plus somptueux et des chameaux chargés d'or, d'aromates, de parfums et de pierres précieuses. Accueillie par Salomon, elle lui pose mille questions qui sont autant de pièges; le roi répond à toutes, même aux plus subtiles. La reine est éblouie par sa sagesse. Son émerveillement ne fait que croître au fur et à mesure qu'elle découvre le faste qui l'entoure: la beauté du palais royal, l'abondance de la nourriture, la qualité des serviteurs, et enfin la Maison de Dieu et les sacrifices qui y sont offerts.

Elle s'extasie devant Salomon: «Je ne voulais pas croire à tout ce que j'entendais sur toi, mais ce que je vois surpasse encore ta réputation. Heureux ceux qui vivent à tes côtés et profitent de ta sagesse. C'est parce que ton Dieu aime Israël qu'Il t'a placé sur son trône pour exercer le droit et la justice.»

Elle offre à son hôte trois tonnes d'or, des quantités fabuleuses d'aromates et des pierres précieuses. Puis elle repart vers son pays, chargée elle aussi de présents du roi Salomon.

«Heureux ceux qui vivent à tes côtés et profitent de ta sagesse.»

Il fait alors ce que Dieu a interdit: servir d'autres divinités.

Selon la coutume de l'époque, Salomon a de nombreuses femmes. Soucieux d'établir une entente avec certains pays, il a aussi épousé des étrangères, qui vénèrent d'autres dieux. Au temps de sa vieillesse, celles-ci finissent par détourner son cœur.
Il fait alors ce que Dieu a pourtant formellement interdit: servir d'autres divinités. Sur une colline en face de Jérusalem, il va même jusqu'à leur bâtir un sanctuaire afin que ces dieux reçoivent encens et sacrifices.
Dieu s'irrite contre Salomon:
«Puisque tu n'as pas observé les lois que Je t'ai données, Je t'enlèverai la royauté et la donnerai à l'un de tes serviteurs. Mais, par amour pour ton père David, Je ne le ferai pas de ton vivant. Ton fils te succédera et c'est lui que Je chasserai du trône d'Israël. Mais pas entièrement: Je lui laisserai une des douze tribus d'Israël, cela à cause de David, ton père, qui a toujours marché selon mes vœux, et de Jérusalem, que J'ai choisie.»

A sa mort, il fut enseveli auprès de son père David et son fils Roboam lui succéda. Mais il servit lui aussi d'autres dieux que le Dieu d'Israël.
Le peuple se révolta contre la dureté de son gouvernement et se choisit un autre roi, Jéroboam, un ancien serviteur de Salomon. Comme Dieu l'avait annoncé, une tribu resta fidèle à Roboam, le descendant de David: celle de Juda, dont le territoire incluait la ville de Jérusalem. Salomon avait régné quarante ans.

Ce fut le règne le plus prestigieux de l'histoire d'Israël, qui connut alors un âge d'or, dans la paix et la prospérité. Mais Salomon reste célèbre pour l'immense sagesse dont Dieu l'avait gratifié. À tel point que de très nombreux écrits lui sont attribués. Ainsi ce poème qui célèbre les bienfaits d'un roi juste :
«Dieu, inspire au roi ton jugement [...]
Qu'il gouverne ton peuple avec droiture
et les humbles avec loyauté.
Montagnes et collines
resplendissez de paix et de justice !
Qu'il soit le secours des pauvres,
qu'il accable l'oppresseur ! [...]
Oui il délivre le malheureux qui implore
et le pauvre que personne ne secourt.
Il se soucie de l'humble et du faible...»

Ce fut **le règne** le plus **prestigieux** de l'histoire d'Israël.

L'HISTOIRE DE JONAS

Il y a très longtemps, deux mille cinq cents ans au moins, plus peut-être, vivait dans le royaume d'Israël un homme nommé Jonas. C'était un prophète: il ne prédisait pas l'avenir, mais il rappelait aux hommes, y compris aux rois, leurs devoirs de justice et d'honnêteté quand ils s'en écartaient trop.
Aux yeux de tous, le prophète était le messager du Ciel, celui qui transmettait aux hommes les paroles mêmes que Dieu lui avait confiées.
C'était un rôle plein de risques.
Ses avertissements étaient souvent mal accueillis, et plusieurs prophètes y avaient laissé leur vie…
Cette fois, Dieu demande à Jonas d'aller à Ninive, la capitale du puissant Empire assyrien. Ninive est riche et prospère et ses palais sont somptueux. Ses guerriers, redoutables, passent pour être invincibles. Ses souverains règnent sur toute la région, conquérant sans cesse de nouveaux territoires à la force de leurs armes.

Une fois à Ninive, Jonas devra dire à ses habitants, si fiers, si arrogants, que leur attitude déplaît à Dieu. Il devra les convaincre de renoncer aux injustices, à la cruauté et à tous leurs vices.
Jonas ne dit mot. Mais au lieu de prendre la direction de Ninive, il court jusqu'au port le plus proche et s'embarque sur un bateau qui met la voile pour Tarsis, de l'autre côté de la Méditerranée. Autrement dit, pour Jonas et tous ceux de son époque, au bout du monde. L'important est de fuir, le plus loin possible… Le bateau gagne le large. Jonas se sent mieux.

Soudain, une tempête se lève.

«Qui es-tu ? D'où viens-tu ? Qu'as-tu donc fait ? »

Aussitôt, tous l'entourent, le questionnent :
«Qui es-tu ? D'où viens-tu ? Qu'as-tu donc fait ? »
Jonas leur raconte toute son histoire.
Les marins savent que fuir devant son dieu est grave. Très grave. Et ils ont peur.
Et la tempête augmente encore. Ils sentent qu'ils vont tous périr.
«Que faut-il faire pour apaiser ton dieu ? demandent-ils à Jonas.
– Jetez-moi à la mer, répond celui-ci sans hésiter. Et les vents s'apaiseront.»

Soudain, une tempête se lève, mais il s'en moque : qu'est-ce qu'une tempête à côté des périls auxquels il vient d'échapper… L'ouragan s'acharne sur le vaisseau, qui craque de toutes parts. Pour l'alléger, on jette sa cargaison par-dessus bord. Le vent redouble de puissance.
Les matelots s'affolent. Ils ne voient plus rien d'autre à faire que de prier. Comme ils viennent tous de régions différentes, chacun prie son dieu. Sauf Jonas, qui ne veut rien savoir, et qui dort profondément au fond de la cale. Le maître d'équipage, furieux, le houspille :
«Et toi, tu dors ! Tu ne peux pas prier ton dieu, comme nous tous ? Allez ! Implore-le ! Peut-être nous écoutera-t-il ! »
La tempête souffle avec une telle rage qu'ils se disent – c'était une croyance répandue à l'époque – que c'est une punition divine : l'un d'entre eux a dû faire quelque chose de mal, et la colère des dieux se déchaîne…
Pour trouver le coupable, ils tirent au sort, et celui-ci tombe sur… Jonas !

Pendant trois jours et trois nuits, Jonas demeure dans les entrailles du monstre.

L'équipage tente tout de même de gagner le rivage à la rame. En vain. Les vagues se font de plus en plus hautes et menaçantes. Résignés, ils implorent le dieu de Jonas de ne pas les punir pour ce qu'ils vont faire, et ils jettent le prophète dans les flots déchaînés. Aussitôt, le calme revient.
Tandis qu'il sombre dans l'abîme, Jonas appelle Dieu à son secours. Celui-ci envoie alors un énorme poisson, qui l'avale. Pendant trois jours et trois nuits, Jonas demeure dans les entrailles du monstre, priant ainsi:
«Du fond de ma détresse, j'ai crié vers Dieu et Il m'a répondu... Hors du gouffre, Tu m'as fait remonter, Dieu, mon Dieu!»
Ému de la confiance que lui témoigne son prophète, Dieu ordonne au poisson de le rejeter sur le rivage.

Dieu ordonne au poisson de le rejeter sur le rivage.

«Encore quarante jours et Ninive sera détruite!»

Et Il lui répète sa demande: «Va à Ninive et tu diras à ses habitants ce que Je t'inspirerai.»
Cette fois, Jonas se met en route. Il entre dans Ninive, l'immense ville. Il faut trois jours pour la traverser.
Le premier jour, il crie dans les rues: «Encore quarante jours et Ninive sera détruite!»
Les gens de Ninive l'écoutent et, tout de suite, ils comprennent le message.
La nouvelle va jusqu'au roi, qui décrète que tous, hommes et bêtes, doivent jeûner en signe de repentir. Et tous, les hommes, les femmes, les enfants, les animaux se revêtent de sacs et se mettent à jeûner, implorant le pardon de Dieu.
Dieu voit leurs efforts. Il a pitié et renonce à son châtiment. Non, Il ne détruira pas Ninive.

Jonas est furieux. Dans sa colère, il interpelle Dieu:
«Voilà ce que je redoutais! C'est pour cela que je voulais partir au bout du monde! Je savais que Tu allais te laisser attendrir cette fois encore! Et moi, de quoi ai-je l'air maintenant? Autant mourir!»
Il monte sur une colline qui domine la ville, se construit une petite hutte et s'assoit à l'ombre. Il souffre. Il est désespéré. Pourquoi Dieu l'a-t-il choisi pour être son messager s'Il n'exécute jamais ses menaces? À quoi bon prendre le risque de se faire injurier, battre, voire même tuer, pour qu'ensuite rien ne se passe?
Le soleil tape sur la cabane et le malaise de Jonas augmente. Il a le sentiment que Dieu s'est moqué de lui, qu'Il l'a ridiculisé aux yeux de tous les habitants de Ninive.

Et Dieu fait pousser un arbre près de sa cabane pour lui donner de la fraîcheur et apaiser un peu sa souffrance. Bientôt, Jonas se sent mieux et s'endort. Pendant la nuit, Dieu envoie un ver qui dessèche l'arbre puis, à l'aube, Il fait se lever un vent d'est brûlant. La chaleur accable Jonas. Il supplie Dieu de le faire mourir… Dieu lui explique alors:
«Tu es furieux parce que l'arbre est mort. Un arbre qui a poussé en une nuit et a péri en une nuit. Et tu voudrais que je ne me soucie pas d'une ville qui contient plus de cent vingt mille êtres humains qui ne savent pas se guider eux-mêmes, sans compter les milliers d'animaux? Ne crois-tu pas qu'il vaut mieux pardonner que punir?»

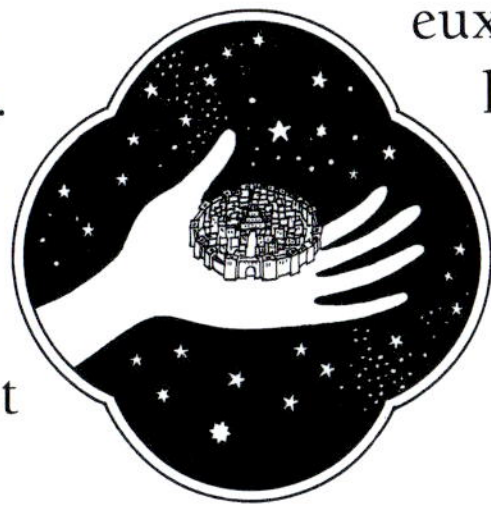

«Ne crois-tu pas qu'il vaut mieux pardonner que punir?»

QU'EST-CE QUE LA BIBLE ?

Le livre saint des juifs et des chrétiens

La Bible rassemble les textes sacrés des juifs et des chrétiens. Pour les croyants, la Bible n'est pas un livre comme un autre : elle a été inspirée par Dieu aux hommes, elle est la parole de Dieu, et a pour sujet l'alliance que ce Dieu a scellée avec eux et comment Il les accompagne dans le cours de l'histoire.

Pas un livre, mais une bibliothèque

Le mot «Bible» a pour origine le nom grec *ta biblia*, qui signifie «les livres». La Bible n'est pas un livre mais toute une collection d'ouvrages qui appartiennent à des genres très variés : des récits mythiques (comme celui de la création du monde et du déluge) côtoient des textes de lois (les prescriptions que Dieu donne à Moïse pour son peuple), des contes (tels que l'histoire de Jonas), des prières, des livres historiques sur les rois d'Israël, etc.

La Bible juive comprend quarante livres, écrits essentiellement en hébreu. Celle des chrétiens inclut les évangiles et des textes des débuts du christianisme, qu'ils appellent *Nouveau Testament* (c'est-à-dire *Nouvelle Alliance*), pour les distinguer de la Bible des juifs qu'ils nomment *Ancien Testament* (ou *Première Alliance*)

Une foule d'auteurs...

Ces livres ont été écrits à partir d'histoires, d'événements, de règles de vie qui étaient transmis oralement, d'une génération à l'autre. Les auteurs nous sont presque tous inconnus, mais nous pouvons situer la rédaction des ouvrages qui forment la Bible sur un millénaire, entre le IXe siècle avant notre ère et le Ier siècle. Nous ne possédons aucun texte original de la Bible. Seules des copies nous sont parvenues. Les plus anciens manuscrits que nous connaissions ont été retrouvés, en 1947, près de la mer Morte et ont été datés des IIe et Ier s. av. J.-C.

... mais pas de journalistes ni d'historiens

L'époque, la culture, le mode de vie, la langue même de ces hommes sont si différents des nôtres que l'interprétation des textes bibliques nécessite des études minutieuses et complexes. En lisant la Bible, il faut toujours se rappeler qu'autrefois, avant l'époque dite «moderne», les hommes n'avaient pas du tout le souci de faire des reportages pour raconter ce qu'ils avaient vu, tel que cela s'était réellement passé. Ce qu'ils veulent exprimer, c'est le sens des événements qu'ils relatent, pourquoi ils se sont passés, dans quel but, et quel message il faut en retenir. Et pour rendre celui-ci apparent, ils sont amenés à grossir certains faits, à en ajouter d'autres, même imaginaires et invraisemblables, pour que le récit devienne parlant et livre tout son sens. Ainsi, l'histoire de la Création ne doit pas être lue comme l'explication scientifique de l'origine de l'univers, mais elle révèle la vision du monde d'un peuple à une certaine époque et, surtout, elle proclame la toute-puissance de Dieu, qui est à l'origine de toute chose. Les auteurs de la Bible veulent transmettre comment ce Dieu s'est fait connaître aux hommes à travers leur peuple, comment Il a réalisé les promesses qu'Il avait faites à ses ancêtres, Abraham, Isaac, Jacob, en le conduisant jusqu'en Terre promise, et comment Il intervient sans cesse dans son histoire, par l'intermédiaire des prophètes, pour lui rappeler l'alliance qu'ils ont conclue.

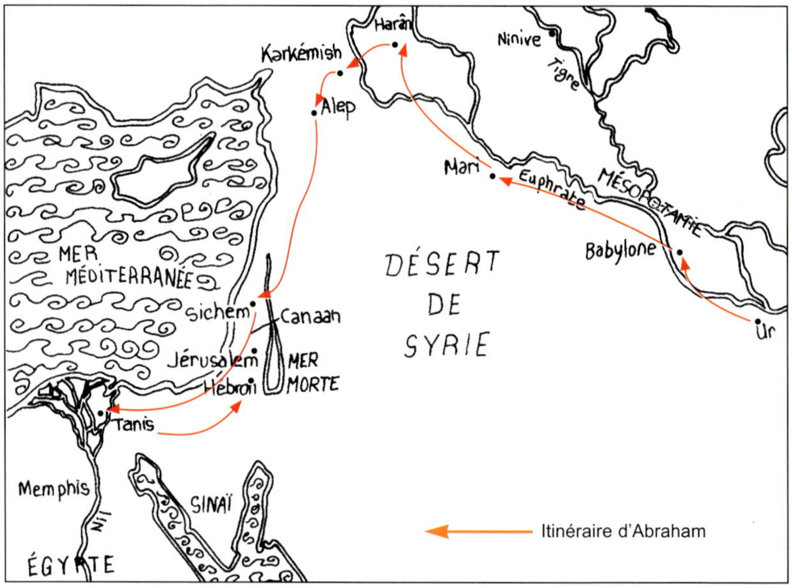

Où se situent ces récits ?

Le monde de la Bible se situe dans le Moyen-Orient ancien, entre la Syrie au nord, l'Égypte et le désert d'Arabie au sud, la Mésopotamie à l'est. Les anciens Hébreux étaient un peuple de nomades, qui élevaient du petit bétail. Ils étaient entourés de civilisations brillantes (Égypte, Mésopotamie), où l'on adorait de nombreux dieux. L'originalité des Hébreux est d'avoir inventé le monothéisme, la foi en un Dieu unique.

La mémoire d'un peuple

Lorsque, en 70, les Romains prennent Jérusalem et détruisent le Temple, le peuple d'Israël (appelé le peuple juif) se disperse dans le monde entier. Son seul sanctuaire sera désormais la Bible, car elle abrite la parole de Dieu. C'est elle aussi qui sera la sauvegarde de son identité, de son histoire, et son seul enracinement.

La Bible intéresse-t-elle les non-croyants ?

Les histoires de la Bible familiarisent avec des personnages, des récits que nous rencontrons dans l'art, la littérature et jusque dans le langage courant. Elles permettent de mieux connaître notre propre civilisation, qui a été en partie façonnée par cette culture. D'autre part, chacun y trouve matière à réflexion et y découvre des valeurs tout simplement humaines. La Bible parle de la vie des hommes, de leurs désirs, de leurs souffrances, de leurs passions… Elle traite de problèmes que chacun rencontre : la jalousie, l'injustice, le pardon, l'obéissance…

Ces histoires nous concernent-t-elles encore ?

C'est avec ces textes, dont les plus anciens ont été écrits il y a quelque trois mille ans, que des générations d'enfants, au fil des siècles, ont appris à lire, à écrire, à réfléchir, qu'ils ont rêvé, prié…, qu'ils ont fait connaissance avec le monde et les conflits qui l'agitent. Aujourd'hui, le monde les sollicite de toutes parts et en fait des témoins précoces de ses conflits. Dans la Bible, tout prend sens. Elle leur montre des hommes confrontés aux mêmes problèmes que les leurs : l'esclavage, l'injustice, l'égoïsme, la volonté de puissance, le désespoir, mais qui s'inscrivent dans une perspective tout autre car, au centre de l'univers, elle place Dieu. Un Dieu qui parle aux hommes, qui fait alliance avec eux, qui en choisit certains comme intermédiaires pour faire connaître aux autres sa volonté, qui leur donne des lois à respecter en vue d'une conduite «juste» aussi bien envers Lui qu'envers leurs semblables. Et puis, il y a toujours le plaisir de lire de belles histoires, souvent riches d'aventures et de merveilleux, et qui parlent de choses essentielles.

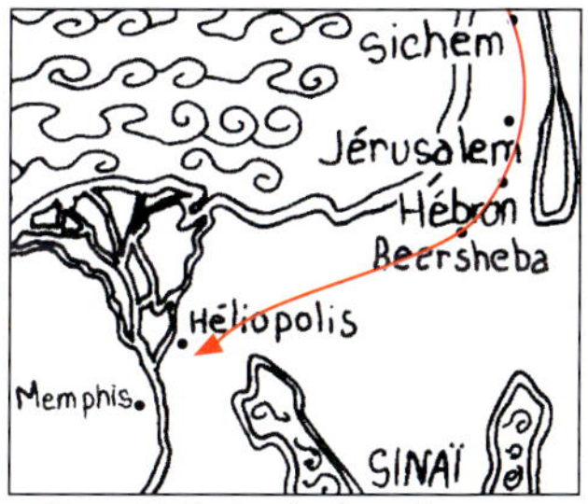

Itinéraire de Joseph

Où trouver, dans la Bible, ces histoires ?

L'histoire de la Création, celle de Caïn et Abel, de Noé, de la Tour de Babel, d'Abraham et de Joseph sont tirées du livre de la Genèse, le premier livre de la Bible. Nous ne savons rien de Joseph, de Jacob, d'Abraham, d'Isaac. Nous estimons qu'Abraham aurait vécu vers 1850 av. J.-C. et que Joseph et ses frères se seraient installés en Égypte un siècle et demi plus tard. L'histoire de Moïse est racontée dans l'Exode ; le mot grec *exodos* signifie «sortie» et désigne l'événement fondateur du peuple hébreu : sa sortie d'Égypte, que l'on situe, sans que ce soit une certitude, vers 1250-1230 av. J.-C. Avec David et Salomon, nous abordons, par contre, les Livres historiques. En 1010 av. J.-C., David devient le deuxième roi d'Israël, après Saül.

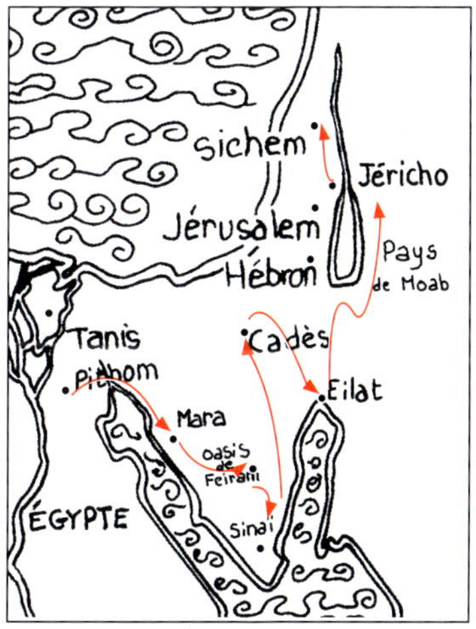

Itinéraire des Hébreux

L'originalité de cet album

Les histoires de la Bible que nous présentons dans cet album ont été rédigées au plus près du texte biblique, à partir de plusieurs traductions et commentaires de sensibilités différentes, juives et chrétiennes, afin d'essayer de restituer ce qui fait autorité pour tous.
L'auteur entend s'effacer, autant que possible, devant le texte biblique pour donner à lire celui-ci en s'efforçant seulement de le rendre immédiatement accessible et attractif. Ses seules «interventions» sont – outre d'inévitables coupes, telles que les longues généalogies – de petites explications qui s'insèrent dans le fil du récit, pour dire, par exemple, ce qu'est un prophète ou pourquoi il est important, pour les anciens Hébreux, de savoir interpréter un rêve…
Les illustrations, traitées en ombres chinoises mises en couleur par palette graphique, soulignent avec humour la richesse et la poésie de ces récits. En même temps qu'une grande originalité dans l'approche des sujets, le choix des ombres chinoises favorise une liberté par rapport aux textes, souligne leur dimension universelle et intemporelle et permet une distanciation qui respecte leur vocation sacrée.